証言 昭和のスター
禁断の真実

別冊宝島編集部 編

宝島社

まえがき

　昭和は戦後だけでも40年以上の長きにわたった。戦後の混乱期から高度成長へ、そしてカラーテレビがお茶の間を席巻した。

　数々の歌番組、ドラマ、ジャイアンツ戦、プロレス、すべてテレビがもたらしたものだ。そして数々のスターたちを生んだ。

　現在ほど、放送や出版の規制が厳しくなかった昭和の時代。スターたちも自由奔放に生きていた。大胆な衣装、派手な演出、そして煌びやかな個性、スターたちは本当に輝いていた。日本人の誰もがスターたちに憧れ、少しでも近づきたいと思っていた。

　しかし、彼らも生身の人間だった。恋もすれば、悩みもする。落ち込むこともあれば、派手に遊びたいこともある。さらにスターたちには巷の人々とは違う世界があった。誘惑も欲望も、羨望も妬みも、私たちには思いもつかない世界だった。

そんな世界に生きていたスターたちには、数限りないスキャンダルが待ち構えていた。不倫、略奪婚、別れと出逢い、嫉妬と確執、しかし、そのスキャンダルもスターであるがゆえに起こったことだ。

私たちはそのスキャンダルさえ、スターの一面としてワクワクしながら見ていた。そのスキャンダルが触れてはいけないタブーに近ければ近いほど興味津々だった。「スターたちの下半身」、「男と女の事件簿」などという言葉に、どれだけウズウズしたことだろう。

この文庫では、芸能界とスポーツの世界で起こった数々のスターたちのスキャンダルやゴシップ、そして一大ムーブメントを紹介する。

キャンディーズの解散や貴・りえフィーバーなど、さらには梨園の妻の戦後史から、皇太子妃選びの顛末まで、私たちの心を揺り動かした事件やできごとを掲載した。証言と秘蔵写真で蘇る、昭和メモリーだ。

別冊宝島編集部

※本書は２０１６年から17年にかけて別冊宝島に掲載された記事を再編集したものです。

ワイド特集3

「事件の主役」となった選手たちの知られざるドラマ

昭和美女図鑑1

永遠の微笑

夏目 雅子 1980(昭和55)年

なつめ・まさこ

1976(昭和51)年にオーディションを経て芸能界入り。80年代より実力派女優として頭角を現す。1984(昭和59)年、人気作家の伊集院静と結婚。しかし急性骨髄性白血病を発症し、1985(昭和60)年、27歳の若さで死去した。

ワイド特集1

戦後史を彩った事件とその主役たち

スターたちの「一番長い日」

女優・タレント編

戦後の高度成長時代に誕生した芸能界の国民的スターたち。大衆の心をつかんで離さなかったヒロインたちの、語り継がれる「あの事件」を秘話とともに発掘する。女優・タレント編。

(2016/1〜5掲載)

半世紀に及んだ隠遁生活と「永遠の処女」引退の深き謎

1 原 節子

昭和を代表する女優、原節子（享年95）の訃報をメディアが報じたのは、死から2カ月以上が経過した2015（平成27）年11月のことである。

「亡くなったのは9月5日のことでした」

と全国紙の文化部ベテラン記者が語る。

「彼女の近況については、週刊誌などが定期的に伝えてはいましたが、鎌倉の自宅に住んでいて、ほとんど外出はしないが元気だという以外の情報はありませんでした。そうした取材に対応していたのは、もっぱら同じ敷地内に住んでいた甥夫妻です。近年、キー局や全国紙が、特番や正月用の紙面で日本映画史の生ける伝説である彼女のインタビューを実現しようと企画していました。実際に動いた社もあったと聞きますが、本人が表舞台に出ることはありませんでした」

原節子（本名・會田昌江）は1920（大正9）年横浜生まれ。戦前から戦後にかけての日本映画黄金期に活躍。日本人離れした長身と大きな瞳はあくまで華やか、それでいて感情表現には日本的な抑制が備わっており、憧れるなといっても無理な存在、それが原節子だったのである。

だが、日本映画界の隆盛がピークを迎えた1962（昭和37）年、原は『忠臣蔵　花の巻・雪の巻』（稲垣浩監督）で大石内蔵助の妻・りくを演じたのを最後に銀幕から姿を消した。

そして翌1963（昭和38）年、何度もコンビを組んだ小津安二郎監督（享年60）の通夜に姿を見せたのを最後に、一切マスコミの前にも姿を見せなくなった。そのとき原は43歳だった。

「それでも彼女はしばらく、自宅周辺を散歩したり、買い物に出たりすることはあったようで、近所の住民には目撃されています。しかし、1994（平成6）年に東京・狛江市の土地を売却し、いわゆる長者番付にその名前が載ったことから取材が再燃し、鎌倉の自宅の周囲にカメラマンが張り込むようになった。そのころから、彼女はほとんど外出しなくなったとも聞いています」（前出の記者）

もっとも、原節子を密かに狙うカメラマンはそのはるか前から存在していて、『週刊文春』は1979（昭和54）年、当時59歳の原節子の姿をはっきりとらえているし、その後別の週刊誌が自宅の垣根越しに彼女の姿をとらえている。

まるで幻の生物を狙うかのような取材だが、そうした強引な手法による報道も近年は途絶えていた。

忽然（こつぜん）と姿を消した「永遠の処女」。その理由をめぐって、さまざまな憶測が乱れ飛んだ。

「永遠の処女」と呼ばれた清潔感のある美貌

「老いていく姿を人前に晒したくないと考えていた」
「撮影用のライトで白内障を患い、健康上の理由で引退を決意した」
「戦前の国策映画に出演していた自分の責任を強く感じており、けじめをつけるべきだと考えていた」

しかし、何より説得力を持ち、一部のファンの間では定説のように語られているのが小津安二郎監督への「殉愛」である。

原節子の代表作としてあげられることの多い1953（昭和28）年の『東京物語』は、小津監督にとっての代表作でもあり、実際にその前から2人の「結婚」の噂は度々話題になっていたのである。

独自の世界観を持ち、娯楽映画ではなく「芸術作品」の評価が下される小津作品。その主人公を演じる原節子が、監督へのオマージュを抱くのは自然な話だったと思われるが、そこでみだりに愛に突き進むことは、原節子の貞淑が許さなかったのかもしれない。

小津の死によって、原が女優を続ける意味を見失ったと考える人は多いが、その「真相」は歴史のなかに封印されてしまった。

愚者は語り、賢者は黙する——かくして、原節子の伝説は完璧な形で完結した。


女王ひばり「紅白落選」の激震 裏番組で意地のワンマンショー

2 美空ひばり

国民的歌手として活躍していた美空ひばり（当時36歳）が「紅白落選」の憂き目にあったのは1973（昭和48）年のことである。

紅白にはそれまで16年連続出場（通算17回）。トリも13回つとめた若き大御所のひばりが落選した直接の理由は、実弟のかとう哲也（故人）の「黒い交際」問題だった。

前年の紅白視聴率は80・6％。ほぼすべての日本人が視聴する国民的番組からの「排除」が決まったとき、大阪・梅田コマ劇場にいたひばりの母・加藤喜美枝はこう言い放ったという。

「お嬢を何だと思ってるんだろうね……」

この年、かとう哲也が山口組系益田組の舎弟であることが報じられ、その後かとうは賭博や脅迫容疑で逮捕される。10月には読売新聞が「ひばりの車が暴力団の法事に使われていた」と報道。すると、これまで公然の秘密であったひばりと山口組三代目・田岡一雄組長の関係を次々と書き立てられ、公共放送のＮＨＫは、ひばりを紅白に出すわけにいかない状況になったのである。

当時を知るベテラン芸能記者が語る。

「１９６４（昭和39）年、小林旭との離婚記者会見の際、田岡組長がひばりの横に堂々と座っていたことはあまりにも有名ですが、当時はそれが問題になることはなく、実際に紅白にも出場していた。それまで許されていたことが許されなくなった、時代の潮目が変わった瞬間でした」

だが、ひばりサイドは紅白落選に決して納得しなかった。

〈人が何と言おうと「我が道」を行く〉〈私は雑草です。ツバをかけられ、踏まれれば、それだけ強くなっていきます〉(『サンデー毎日』12月30日号)

週刊誌の手記で力強く宣言すると、郷ひろみが初出場した紅白歌合戦の裏番組に組み込まれた「美空ひばりワンマンショー」(NET=現・テレビ朝日)で16曲を歌ったのである。

前年80%を超えていた紅白の視聴率は75・8%と4・2ポイントも下がった。まさにひばりの「意地」だった。

「当時、NETにはひばりが所属していたコロムビアレコードの冠番組があり、最初からひばりには協力的でした。もちろん批判はあったと思いますが、世間では〈弟の問題でひばりは関係ない〉とNHKの対応を批判する声もかなりありましたので、思い切って放送に踏み切ったのでしょう」(前出の記者)

翌年、一連の事件のほとぼりが冷めてもひばりはNHKを許さなかった。

NHKの番組には一切出演を拒否。1974(昭和49)年には週刊誌上でひばりの母・加藤喜美枝とNHK紅白実施本部長が対談。「もう何とも思っていない」

と釈明するNHK側に対し、加藤はきっぱりと言い切っている。
「違いますすね。ひばりはファンに育ててもらったものですからね。NHKがなんのために一方的にそういうことをしたのか、わからないですね」（『サンデー毎日』6月2日号）

1964(昭和39)年、小林旭との離婚を発表。山口組三代目・田岡一雄組長が同席した

その後ひばりは1977（昭和52）年になってようやくNHKの人気番組『ビッグショー』に出演。絶縁関係は解除されたが、紅白については1979（昭和54）年、特別出演として1度きり復帰しただけで、ついに正式出場することはなかった。

ちなみにこのひばりが特別出演した年の紅白視聴率は77・0％で、

74・6％まで落ちていた前年の視聴率から大きく盛り返している。

紅白に出なくなったひばりは歌唱の幅を広げ、フォークやポップスに対抗するかのごとくヒットを飛ばした。遺作となった「川の流れのように」はその象徴である。

「国民的美少女」を標的にした爆弾魔「草加次郎」の正体

3 吉永小百合

国民的女優・吉永小百合の人生を決定付けた名作といえば、1962（昭和37）年、小百合が17歳のとき公開された映画『キューポラのある街』だったと言えるかもしれない。

この作品で史上最年少のブルーリボン賞主演女優賞を獲得した吉永小百合は、

一気にスター女優へと駆け上がっていくのである。

そんな人気絶頂の日々にあった１９６３（昭和38）年８月、渋谷区にあった小百合の自宅に暴漢が押し入る。

大胆にも洋服ダンスの中に潜んでいた25歳のプレス工は、部屋に入ってきた小百合にナイフを振りかざしながら突進。直ちに両親が警察に通報し大事には至らなかったが、あわや惨事になるところだった。

いまではとうてい考えられないことだが、当時は映画誌にファンレターの宛先としてスターの「本当の自宅住所」が掲載されていた。暴漢はその住所を見て自宅に強行突撃した熱狂的ストーカーだったのである。

人気者の小百合の自宅には、１日１０００通以上ものファンレターが届く状態だったが、それを管理するのは事務所ではなく小百合の両親だった。

事件から20日後、山積みになったファンレターの間に、不審な感触のある封筒を小百合の両親が見つける。

なかには弾丸１発と次のように書かれた脅迫状が入っていた。

〈五月十八日、午後七時、上野駅正面横の喫茶店〝ひがし〟に現金百万円をあなたのおとうさんが持ってこい。七時二十分に電話であなたのおとうさんを田中と呼んで呼び出す。草加次郎〉

草加次郎——それは前年暮れから都内各所で頻発していた爆発騒ぎにおいて、現場に残された紙片や、企業に送りつけられた「犯行声明文」「脅迫文」に署名されたものと同じ名前だった。

小百合の両親はただちに警視庁に通報。

調べた結果、弾丸の入った封筒の消印は5月14日で、山積みになったファンレターの山のなかで見つかるまでに3カ月以上かかっていたことが分かった。

さらにすべての封筒を調べたところ、同様の脅迫状が5月に計3通、7月に計3通の合計6通送られていたことも分かった。

そして9月5日、草加次郎はテロリストの本性を現す。この日夜8時14分、地下鉄銀座線の車両が京橋駅に入ってきたその車内でいきなり爆弾が爆発。死者こそ出なかったものの、重軽傷者10人を出す惨事となったのである。

「小百合が爆弾魔に狙われているのではないか」
緊張感を高める関係者のもとへ、7通目の脅迫状が届く。銀座線爆発の翌々日、9月7日のことだった。

〈9月9日　午後7時10分上野発　青森行　急行　十和田に乗ること　進行方向に向かって左のデッキに乗り外を見ること。　後の車両に乗ること　青（緑）の懐中電灯の点滅する所に現金100万円　投下すること　8時までに完予（ママ）　草加次郎　列車　予定通　発車しない時は　10日〉

列車から車外へ現金を投下させるという手法は、この年公開された黒澤明監督の映画『天国と地獄』と同じだっ

日本全国に「サユリスト」を生んだ

た。捜査本部は急遽（きゅうきょ）ヘリコプターを飛ばし、犯人が指定しそうな投下ポイントを絞り込む。「8時までに完予（ママ）」とのことから、その時間に通過する上野から土浦までの間が集中的にマークされた。

9日夜、青森行きの寝台列車「十和田」が出発。車内に6人、常磐線沿線に300人の捜査員を配置し「その時」に備えた警察だったが、草加次郎は現れず、翌日も何も起こらなかった。

草加次郎はこれっきり、忽然と姿を消した。懸命の捜査もむなしく1978（昭和53）年、時効を迎えた。もっとも、吉永小百合はいまもなお健在である。

4 大原麗子

「理想の妻」を演じた女優と森進一の短き結婚生活

〈すこし愛して　ながーく愛して〉

1980年代にずっと放送されていた、サントリーレッドのコマーシャル。あの甘えるような声で、帰ってくる夫を待つ大原麗子の若妻キャラは、母性と可愛さが融合した魔性の魅力に満ちていた。

正統派美人かつ情の深い良妻賢母のイメージで、「お嫁さんにしたい女優」ランキングでは長らくトップの座に君臨した大原だったが、そんな彼女の実生活が、およそ家庭人とはかけ離れた修羅の連続であったのだが、それもいまや知らない人が多くなった。

大原は1946（昭和21）年、東京・文京区本郷の和菓子屋の娘として生まれた。

その美貌から10代で芸能界にスカウトされ東映に入社。高倉健の『網走番外地』シリーズなどで活躍した。

1971（昭和46）年に渡辺プロダクションに移籍。そして1973（昭和48）年、渡瀬恒彦と最初の結婚をする。

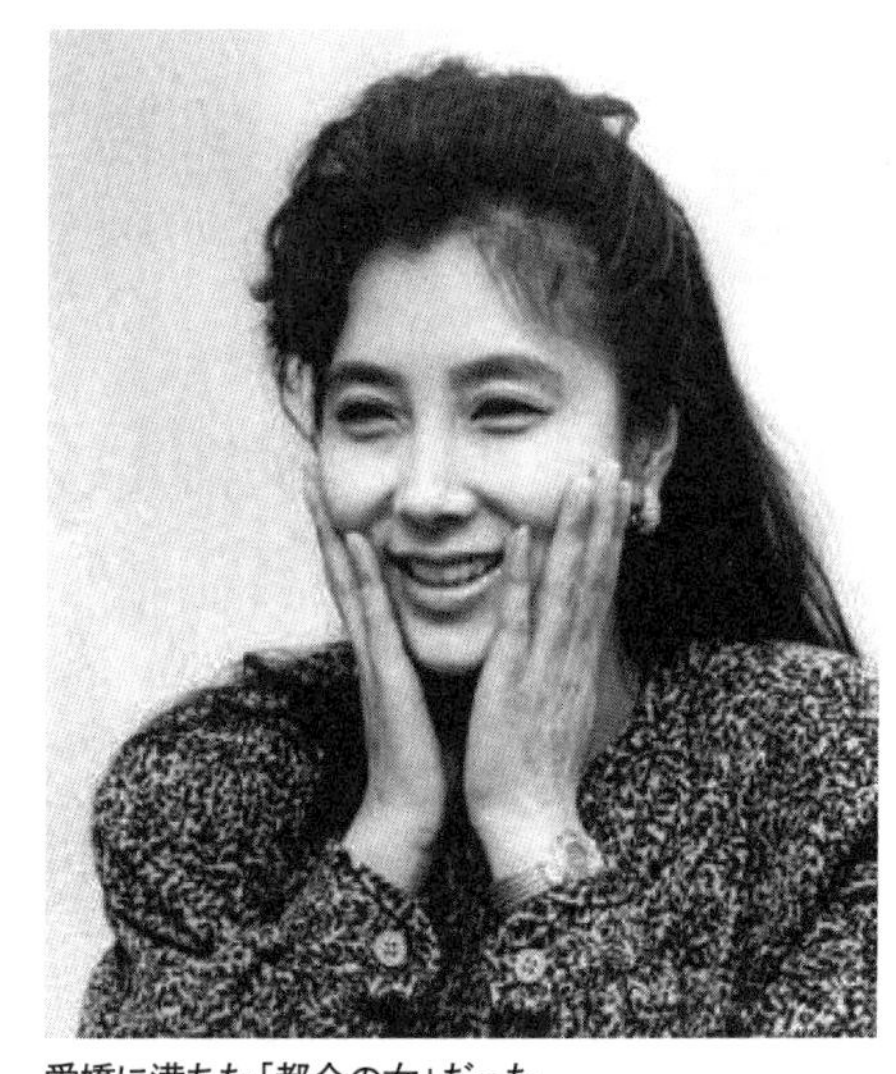
愛嬌に満ちた「都会の女」だった

しかし、互いに本業が多忙を極めていた時代。2人はすぐに別居状態に陥り、5年の冷却期間を経て1978（昭和53）年に正式に離婚した。

大原はこの間、同じ渡辺プロ所属の演歌歌手、森進一と接近していた。

森と言えば、1969（昭和44）年に「港町ブルース」、1971（昭和46）年に「おふくろさん」と、ヒット曲を連発。すでに当時、紅白常連歌手となるなど、押しも押されもせぬ演歌界のニューリーダーとして活躍していた。

鹿児島の田舎から集団就職で上京した森に対し、大原は時代の最先端を行く

「六本木野獣会」出身の都会っ子。

　森のほうが大原に惚れ込み、芸能メディアはまだ渡瀬と離婚もしていない大原と森の「熱愛」を書き立てた。

「当時の森進一は、渡辺プロからの独立を視野に入れていました」

　と古参芸能記者が語る。

「1974（昭和49）年には『襟裳岬』をヒットさせ、自分の王国を作りたいという野望が芽生えたのでしょう。しかし、当時の芸能界で自分勝手な独立・移籍はどんなスターであっても最大のタブー。渡辺プロは大原との結婚を認める代わりに、何とか独立を阻止しようと懐柔しましたが、森は翻意しなかった」

　1979（昭和54）年、森はついに渡辺プロからの独立を発表する。

　しかし、大原は渡辺プロ所属の看板女優。2人の結婚は不可能と思われたが、同年に森は「新宿・みなと町」をヒットさせ、渡瀬との離婚が成立した大原との結婚にこぎつけるのである。

　結婚後、冒頭のCMで愛妻キャラを演じ、大人気を博した大原だったが結婚生活の破綻はすぐにやってきた。

「原因は森の吝嗇(りんしょく)ぶりや、女性問題などにあったのではないかと取り沙汰されましたが、大原が離婚会見で語った言葉にある程度真実はあったのではないでしょうか」(同)

1984(昭和59)年6月18日、森と大原はそれぞれ別の場所で離婚会見を開いている。まずは森の話。

「40歳になったら、仕事をやめてくれると思っていたのに〝家のことをしているより台本を読んでいるほうがいい〟と言われたんです」

未練ありありの記者会見だったが、大原のほうは吹っ切れていた。

「私のわがままでこうなった。仕事は私にとって生きがいだから」

そして次の言葉が有名になった。

「彼も男、私も男。家のなかに男が2人いたんです」

大原は森が望んだ「子ども作り」を事実上拒否していたと言われる。離婚した大原だが、ウィスキーのCMは打ち切られることなく1990(平成2)年まで続いた。

森進一はその後、1986（昭和61）年に、社会福祉活動を通じて知り合った同じ演歌歌手の森昌子と「モリモリ婚」。

念願の子どもを授かり、幸せな家庭を築いたかに見えたが、2001（平成13）年ごろから夫婦仲に亀裂が入り、2005（平成17）年に離婚している。

「不幸な家庭環境に育った」と自ら語る森が、幸せな家族を希求したのは無理からぬことだが、その意味では大原も同じだった。

「彼女の父は5回結婚しており、大原は4番目の妻との間にできた子だった。幼い頃父から暴力を受け続けた彼女は父をいつしか憎み、森進一と離婚した後、大原姓ではなく母方の姓である飯塚を名乗ったのもそのせいです」（前出の記者）

あくまで理想の家庭像を追いかけた森進一と、仕事に没頭した大原麗子。だが、大原は90年代から健康を害し、次第に女優としての仕事を失っていく。

2009（平成21）年8月6日、連絡が取れなくなっていることを心配した実弟が、自室で息絶えていた大原麗子を発見した。推定死亡日時は8月3日、脳内出血が原因とされた。62歳の若さだった。

大原が最後まで愛した実母が95歳で亡くなったのはその3年後、2012（平成24）年のことである。

清純派アイドルの地獄体験 ストーカー監禁「密室の5時間」

5 岡田奈々

1970年代を代表するアイドルの1人、岡田奈々。

人形のような顔立ちと、スレンダーな肢体はまさに「天使」のような輝きを放っていたが、彼女の全盛期、そのアイドル人生に致命傷を与えかねない事件があったことは、60歳以上の世代にはよく知られている。

1977（昭和52）年7月15日未明、東京都港区の高級マンション8階にあった岡田の自宅に暴漢が侵入した。

以下は岡田本人が会見で語った内容などから判明した大まかな経緯である。

前日、夜11時に帰宅した岡田はパジャマに着替えてベッドで寝転んでいるうち、うかつにもベランダの窓を開けたまま眠り込んでしまった。深夜1時過ぎ、男は音もなく侵入し、アイドルの首にナイフを突きつけた。

「騒ぐな。静かにしろ！」

飛び起きた岡田が目にしたのは、風呂敷で覆面をした身長180センチはあると思われる大柄な男だった。

反射的に手を出した岡田は、

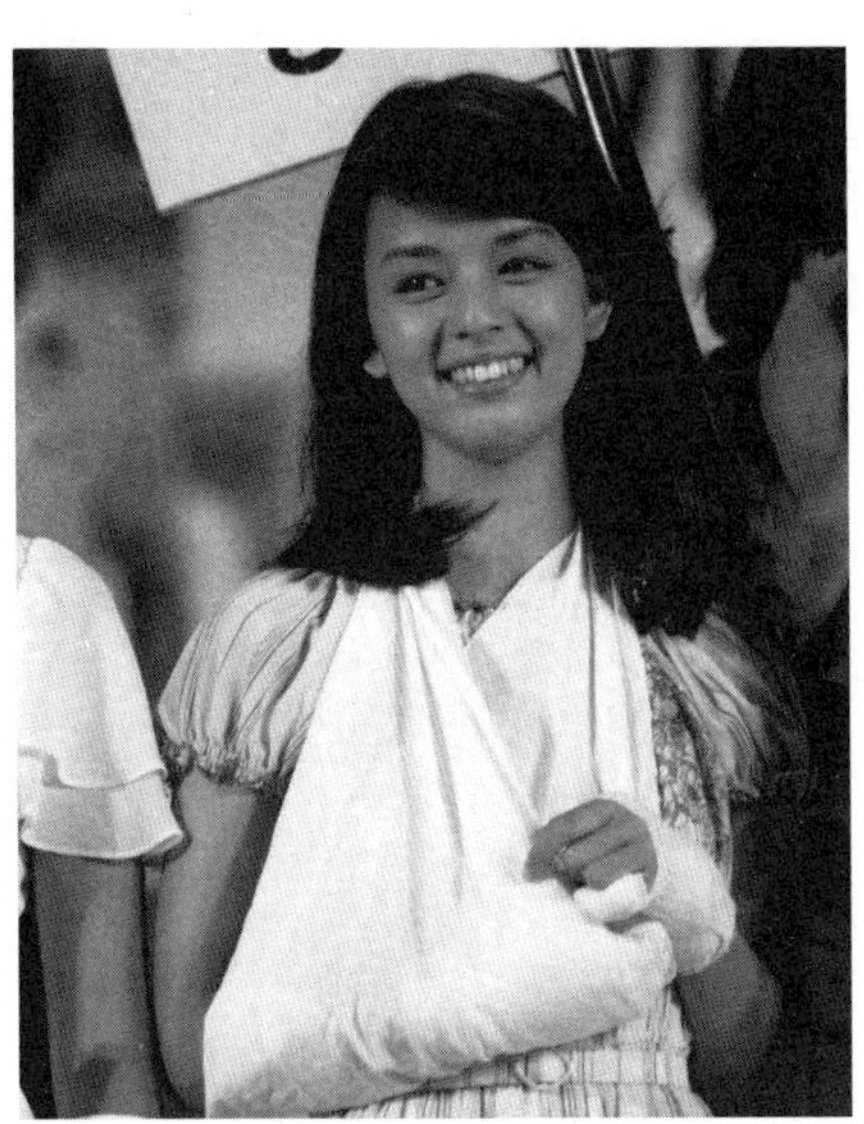

被害直後に仕事復帰し健在をアピールした

男が手にしていたナイフに触れた。次の瞬間、右手親指と左の掌が切れ、血が一面に飛び散った。

男はネクタイで岡田の両手両足を縛り、さらにサルグツワをかませると今度は包帯で止血を始め、血に染まったパジャマを着替えさせた。

男は20歳から30歳くらいと思われる若い声をしていた。岡田に水を与えたり、一方的に身の上話をしているうち、夜が明けてきた。

午前6時、男は血に染まったパジャマを岡田のボストンバッグに詰め、悠々と外に出て行った。これが5時間に及んだ「アイドル密室監禁傷害事件」の全容である。

同日、事件の一報が流れると、事務所社長は真っ先にこう「釈明」した。

「病院で調べてもらいましたが、〝乱暴〟されていないことははっきりしています」

当時の岡田は18歳になったばかり。清楚で純真な妹系アイドルの王道を突き進み、ポッキーのイメージガールなどＣＭにも多数起用されていた。その岡田が凶器を持った暴漢に襲われ、しかも密室で5時間も2人だけの時間を過ごしていたという。手を切られた以外は何もなかったと言われても、マスコミは簡単にそれを信じようとしなかった。

事務所社長の発言を裏付けるべく、記者たちは病院へ直行。そこで「性的暴行の有無は調べていない」という病院側のコメントが出て、〝疑念〟はさらに深まっていく。

当時テレビ局で報道に携わっていた幹部が語る。

「記者のなかにも岡田奈々ファンは多くいて、本当に何もなかったのか、自分で確かめたいといった異常な気迫に満ちている連中がいましたよ。田中角栄がロッキード事件で裁判を受けていたが、奈々の事務所はそんなものよりはるかに厳しい追及取材を受けていた」

事件から3日後、事態の収拾を図るべく岡田奈々本人が記者会見場に登場。

左手に包帯を巻き右腕を首からつった、いたいけな少女を前にさすがのマスコミも厳しい質問ができないでいたが、彼らの関心はただひとつだった。

「犯人はケシカランことをしなかったのですか」

ついにある記者が質問すると、岡田は用意の答えを繰り出した。

「はい、絶対に何もされませんでした」

しかし、一部の週刊誌はなおも「疑惑」を追及する。

本当に何もなかったのか。何か隠しているのではないか。もしそうであるとすれば、もう奈々ちゃんを応援することはできないかもしれない……悲痛なまでの奈々ファンの思いを乗せて、特別取材班を結成し、真相究明を続ける週刊誌もあった。

「結局、両手からあれだけ出血しているわけだから、普通の人間であれば、その気はなくなる。つまり岡田奈々はウソをついていないというのが、警察や識者の説明で、ファンはそれを信じるしかなかった。ただその後、犯人の男が逮捕されなかったことから、捕まって真相を語られることを恐れた事務所側が、犯人に関する情報を提供しなかったのではないかという新しい疑念まで生じたくらいです」（前出の幹部）

事件は時効となり、真相はいまも分からない。

岡田はその後仕事に復帰し、80年代にはドラマ『スクール★ウォーズ』（ＴＢＳ）などでも好演した。

しかし私生活ではついに結婚することはなく、65歳になった現在独身を貫いている。

消えた人気絶頂アイドル　まさかの「統一教会」傾斜

⑥ 桜田淳子

２０１３（平成25）年11月26日、銀座の小劇場で一夜限定のライブが開催された。

主人公は桜田淳子。かつて森昌子、山口百恵と並び「花の中三トリオ」と呼ばれた彼女はこの日、デビュー40周年記念アルバム発売に合わせ、22年ぶりとなるステージに立ったのである。

長年のブランクによる体重増加が心配されていた淳子ではあったが、この日のためにダイエットして体型をキープ。380人のファンの前で、無難に持ち歌を歌い上げた。

「もっとも、完全復活と言うには程遠いムードでしたね」

とスポーツ紙記者が語る。

「彼女はいまだ統一教会の信者であり、広告塔です。一夜限定の復帰も、前年に教祖の文鮮明が死去し、資金集めが苦しくなったことが背景にあると言われており、存在感を誇示するためのパフォーマンスと見る向きもあるのです」

桜田淳子は1958（昭和33）年秋田市出身。

1972（昭和47）年、オーディション番組「スター誕生！」で史上最高の25社からオファーを受け、サンミュージックに所属した「金の卵」だった。

「桜田淳子の成功は、一介の少女を〃スタ誕〃をくぐらせてアイドルに化けさせる、という芸能ビジネスを確立させました。しかし、彼女は当時、家庭に複雑な問題を抱えていたのです」

その問題とは、桜田淳子の7歳上の姉の「統一教会」入信だった。

生真面目で責任感の強い性格だった桜田淳子

秋田の銀行に勤務していた淳子の姉が突然、統一教会に入信してしまったとき、父は「全国原理運動被害者父母の会」を設立し、姉を教団から取り戻すべく奔走する。

淳子が日本を代表するスターになった1973（昭和48）年、「教会から除名された」という姉が実家に戻ってきた。両親は喜び、その姉を東京にいる淳子の世話係として送り出した。

だが、姉の脱会は偽装だった。相談相手もいない生活で実の姉にオルグされた淳子は19歳ごろ統一教会に入信するのである。

それが明るみに出たのは1992（平成4）年に行われた統一教会の合同結婚式だった。新体操の山崎浩子とともに、この結婚式に出席した淳子は文鮮明が結婚相手に決めたという会社役員と結婚し、世間は色めき立った。

「当時、統一教会の霊感商法が問題になっており、後にサンミュージックの相澤秀禎社長（当時）自身が淳子の親族から200万円の壺を買わされていたことが明らかになった」（同）

公然と信仰を明らかにした桜田淳子は、芸能界はおろか世間からも干されることになった。

結婚相手の男性は資産家とされ、3人の子どもも生まれた。だが、その後経営する会社を清算したことなどから芸能マスコミは「生活難の危機」と報道し、浮上しては消える淳子の〝芸能界復帰説〟は、「経済的な問題」によるものと決め付けられるのが常だった。

10年ほど前から、思い出したようにインタビュー取材を受け、仕事への意欲も口にするようになった淳子だが、世間が復帰の条件とする「脱会」についてはまったく悩んでいるフシがない。

騒動の渦中から淳子を守り、何かと後ろ盾になってきた、育ての親でもあるサンミュージックの相澤秀禎は、「脱会なくして復帰なし」の姿勢を崩さずにいたが、２０１３（平成25）年に死去した。

「会長が生きている間なら芸能界復帰問題をクリアすることもできたが、いまとなっては難しい」というのが関係者の一致した見解だ。

復帰とはいっても、すでに彼女は66歳。何かをやり直すにはあまりにトシを取りすぎたが「芸能界一、純粋で責任感の強い性格」と評された淳子が、自分自身の選択を後悔することはないだろう。

郷と神田をなで斬りにした女王聖子の激辛「アイドル道」

7 松田聖子

1980（昭和55）年のデビュー以降、44年にわたって芸能界の第一線で活躍する松田聖子。

60歳を過ぎた現在も「アイドル」と呼ばれ、自己愛に満ちた、すべてが過剰なオーラを放っている。

時代の顔であり続ける聖子の80年代におけるハイライトシーンは、やはり郷ひろみとの破局、そして神田正輝との結婚であろう。

「もし、今度生まれ変わったときには絶対いっしょになろうねって……」

郷ひろみとの破局記者会見でこの歴史に残るサヨナラの名文句を残したわずか1カ月後に、神田正輝との婚約を発表するのだから並の心臓ではない。

聖子がなぜ、郷と破局し神田正輝に乗り換えたのか。それはいまでも謎めいた部分が残されている。

当時を知る大手レコード会社幹部は語る。

「公式説明としては、家庭に入ることを望んだ郷に対し、歌をあきらめ切れなかった聖子ということになっていますが、ウソではないにせよ、それが第一の理由ではなかったでしょうね。本質的な理由は、聖子が自分でも想像できなかったほど巨大な存在に急成長してしまった。それがさまざまな状況の変化を誘発したのではないでしょうか」

2人の謎めいた破局には、いまでも信憑性（しんぴょうせい）のあるものからトンデモ説まで、まことしやかに流れている。

「聖子は石原裕次郎の愛人で、別れるために神田正輝があてがわれた」

などという「トンデモ説」が代表例だが、先の幹部は一笑に付す。

「あり得ませんよ。当時の裕次郎は、本人には知らされていませんでしたが重い肝臓がんを患っており、そもそもそれ以前から解離性大動脈瘤の手術をしており、とても愛人を追いかけるような体力はなかった。聖子と正輝の結婚があまりに意外だったので、そうした説が出てきたのではないですか」

松田聖子と郷ひろみの「熱愛」の伏線は、まだ聖子が芸能界にデビューする前にさかのぼる。

聖子はそもそも、70年代からスターだった郷ひろみのファンだった。

芸能人どうしの結婚においては、一方が業界に入る前、相手のファンだったということはよくある話である。

仰ぎ見る存在だった郷ひろみと松田聖子は、レコード会社が同じCBS・ソニーだったこともあり接点を持つ。

聖子のデビュー翌年の1981(昭和56)年には早くも「熱愛」報道が出現し、2人も交際を公言するようになった。

1983(昭和58)年には2人の電話を盗聴したと思われるテープが飛び出し、「私がどれだけひろみさんのこと愛してるか分かってますか」「いやーん、もう抱っこして!」と電話でも〝ブリッコ〟だった「聖子」の声に日本中が仰天したの

「ブリッコ」も「ここまでやれば凄い」と称賛された

である。本物のように思えた迫真のテープだったが、2人はこれを黙殺した。どこから見ても結婚は秒読みかと思われたが、聖子にとっての「誤算」は自分自身の内側にあった。

当時「2億4千万の瞳」をヒットさせていた郷ではあったが、30歳を目前にしてアイドルとしての人気は明らかに下り坂だった。

それに対し、「秘密の花園」「SWEET MEMORIES」「瞳はダイアモンド」など大ヒット曲を連打する聖子は、もはや商業的な意味で郷よりははるか格上の存在となっていた。

トップアイドルである自分が、上がり目のない郷と結婚していいのだろうか。ほんの2、3年前であれば思いもしなかった考えが聖子のなかになかったとは言い切れない。

郷はあくまで聖子と結婚するつもりでいたが、すでに聖子の移り気な心は映画『カリブ・愛のシンフォニー』（1985年公開）で共演した神田正輝に移っていた。

この映画がメキシコロケだったことも、郷にとっては不運だった。急速に距離感を詰めた神田は、郷と違ってスターぶることもなく、聖子が体調を崩した際には献身的に看病したという。

郷ひろみと松田聖子が別れたのは1984（昭和59）年末のことだったと言われる。

「聖子は別れたその足でハワイで待つ神田正輝に会いに行った。日付変更線をまたいで、1日に2人の男と会っていたんだ」

こう話していたのは生前の梨元勝（芸能評論家）であった。

聖子は、1997（平成9）年に神田と別れた後、翌年、6歳年下の医師との結婚・離婚を経て2012（平成24）年に歯科医と3度目の結婚。その間、2000（平成12）年には郷ひろみとのデュエット曲を発表している。

数々のスキャンダルを踏み台にして、無敵化した聖子は、かくしてファンにもアンチにもその生き方が語り継がれる存在となった。

神話化する「歌姫」の絶頂期「1985年の明菜」スーパー伝説

8 中森明菜

松田聖子とともに、80年代アイドルの巨頭として一時代を築いた中森明菜。

近年は体調不良が伝えられ、長らく活動休止状態にあったが、2014年の紅白歌合戦にゲスト出場。その後本格的に活動を再開し、「歌姫」の復活を待ち望んでいたファンを喜ばせている（その後、一時活動を休止するが再度復活）。

私生活は荒れても「歌」は明菜を裏切らなかった

「コンスタントに活躍し続けているのは聖子ですが」と、大手レコード会社幹部が語る。

「潜在的なファンの広がりや、アーティストとしての評価において、明菜は決して聖子に負けないものをいまでも持っている。表舞台から消えていた期間が、かえって彼女の歌の価値を高めたと言ってもいい」

アイドル全盛の80年代、日本の青少年は「聖子派」「明菜派」に大別することができたほど、2人の存在感は際立っていた。

正統派「ブリッ子」キャラで売り出された聖子に対し、陰影のある明菜は年齢の割に大人びた路線でスタート。デビュー曲の「スローモーション」に続く「少女A」が大ヒットし、明菜の卓越した歌唱力、表現力は業界で注目されるようになる。

歌手としての明菜が燦然と輝いたのは、1985年から翌年にかけ、2年連続レコード大賞に輝いた2年間だっただろう。

「あのときの明菜の勢い、充実度は凄みがあった。長く音楽業界を見ている人間でも、信じられないくらい神がかっていた」

と前出の幹部が振り返る。『少女A』『禁区』『十戒』といった売野雅勇の作詞による〝ツッパリ路線〟から、一皮向けたシンガーアクトレスに成長していた。

1984年に井上陽水から楽曲の提供を受けた「飾りじゃないのよ涙は」以降、アイドル歌手の殻を破った明菜は「ミ・アモーレ」（1985年）「DESIRE」（1986年）で2年連続日本レコード大賞を受賞する。

1985年はまだ20歳。いまでこそ、同じ歌手による2連覇、3連覇もある日本レコード大賞だが、音楽賞レースが激烈を極めた時代、この年齢での2年連続受賞（過去には細川たかしの連覇が1度あったのみ）は「奇跡」と評価された。

当時、ＯＬがカラオケで歌うのは決まって明菜。ビブラートを効かせる歌唱法は情念がこもり、日本人の心に深く染み入った。

当時について、後年明菜はこう語っている。

「本当に華やかな時代だったと思います。私だけじゃなくて、皆がすごく忙しそうで、自分をいかにきれいに見せようかって、本当に必死になっていた。自分は、こうやった方がかっこいいと思っても、皆が喜ぶから、を先に考えていた。露出される時間が、今に比べたら本当に多かった時代ですし、見ている人たちのため、を最優先に考えて動かなきゃいけないと思っていました」（『日刊スポーツ』２００2年12月15日）

１９８５年といえば聖子が結婚し、翌年長女を出産していた時期。強力なライバルが一時的に不在だったことも、この2年間の輝きをより強く印象付けた。

2人の80年代におけるアーティスト総売り上げを比較してみるとデビューからすぐに才能を開花させた明菜が、不世出のアイドルと呼ばれた聖子に追いつき、追い越していく実態が見て取れる。人はいつしか明菜を「歌姫」と呼んだ。

しかし、この絶頂を暗転させたのは、「男」だった。

1985年に映画『愛・旅立ち』で共演した近藤真彦と親密な関係になった明菜は、凄まじく大きなプレッシャーのなかで、近藤に対する依存度を高めていく。

近藤との結婚を夢見ていた明菜であったが至らず、1989年に近藤の自宅マンションにて自殺未遂事件を起こす。

明菜は同年大晦日、近藤とともに記者会見に臨んだ。一説に「そこで近藤との婚約が発表されると信じていた」という明菜だったが、近藤の口からその言葉は出なかった。

以降、明菜には暗いイメージがつきまとい、移籍トラブルが重なったこともあり、急速に光を弱めていくことになった。

しかし、明菜の幸運は「歌」があったことである。

その真似のできない表現力、歌唱力は、グループアイドル全盛の時代にかえって待望論を喚起させ、どんなにネガティブな報道がなされても、明菜の復活を待ち望む声が途切れることはなかった。それほど、見る者にとってあの80年代の明菜の輝きは、忘れがたいものだったといえるだろう。

元祖リベンジポルノとなった15歳少女「ニャンニャン写真」

9 高部知子

いまでこそアイドルの虚像と実像の乖離(かいり)は半ば「常識」となっているが、昭和の時代、ファンにとって「地上に降りた天使」たるアイドルのスキャンダルには衝撃的なインパクトがあった。

1981(昭和56)年に写真週刊誌『FOCUS』(新潮社)が創刊されて以降、芸能人の私生活は格好の標的となった。その写真による「芸能スクープ」の走りとしていまも語り草となっているのが1983(昭和58)年の「ニャンニャン写真事件」である。

問題となった写真は前述の『FOCUS』6月24日号に掲載された。

裸の両肩を蒲団から出し、くわえタバコで笑みを浮かべる少女。それが当時15歳の清純派アイドル、高部知子であった。

おせっかいにも記事にはこうある。

〈ベッドで2人仲良くニャンニャンしちゃった後の、一服である〉

タバコとニャンニャンだけで2アウトだが、それが人気アイドルだったことで高部の命運は「ゲームセット」になってしまう。

当時、大人気番組の『欽ちゃんのどこまでやるの!』（テレビ朝日系）に3つ子姉妹「わらべ」の長女役として出演していた高部知子。ドラマ『積木くずし』では主人公を演じ、最終回の視聴率は45・3％と記録的な数字を打ち立てた。

そんな人気絶頂のアイドルを襲ったスキャンダル。波紋は大きく広がり、『欽どこ』をはじめ出演番組は軒並み降板。CMは打ち切りになり、通学していた堀越学園も無期停学処分となった。

写真を編集部に持ち込んだのは、交際相手だった18歳の少年だった。

彼が後に語ったところによれば「最初から写真を公表するつもりはなかった。しかし別れた直後から自宅に突然寿司が10人前も届いたり、〝知子につきまとうな〟という電話がかかったりして、嫌がらせを受けた」ため、それに対抗する措置として写真を出したというのである。

いまで言うところの「リベンジポルノ」だが、不良少女を演じていた高部がリアルに不良少女だったという現実をファンは受け入れられず、また15歳という低年齢少女の「乱れた性」は社会問題にも発展した。

この騒動の収束に乗り出したのは、当時「視聴率男」として業界の実力者だった「欽ちゃん」こと萩本欽一だった。

『欽どこ』に出演していた高部を守るため、欽ちゃん自らマスコミに「まだ15歳だから取材を自粛して」と懇願。それは一定の効果を発揮し、メディアは写真を流出させた少年叩きに走った。

しかし、それが悲劇の連鎖を招く。少年は騒動から3カ月後、排ガス自殺するのである。高部の復帰は絶望的になった。

「少年は『積木くずし』の暴走族役のエキストラでした。高部のほうから交際を持ちかけたとされていますが、すぐに高部が別の男とも付きあっていると聞かされ、ほんの2カ月ほどで交際は終わった。少年は暴走族役を演じてはいましたが、いわゆるヤンキーではなく、父は一部上場企業の役員で本気で高部のことを好きだった。それだけに交際を絶たれたことが許せなかったのでしょう」（週刊誌記者）

事件後、高部は芸能界に復帰したが精神的には不安定で、22歳のとき幼なじみと結婚。芸能界を引退する。

2人は子どもをもうけ、コンビニを経営していたがその後離婚。高部は1999（平成11）年に芸能界に復帰し、性器にピアスをつけたヘアヌード写真集で世間を驚かせた。

その波乱万丈の人生経験をいかし、その後、精神保健福祉士として各種カウンセリングケアに取り組むようになった。

芸能史上最大のビッグカップルはかくして「破局」させられた

10 宮沢りえ

「○×年に1度の美少女」といった形容が乱発されている昨今、ずいぶんと美女のハードルが下がったものだと嘆かわしく思う向きも多いだろう。

だが、いまから37年前、日本の広い世代から掛け値なく「最高の美少女」と評価されていたのが宮沢りえである。

1987年、初代「リハウスガール」として登場した宮沢りえは空前の人気を博し、「国民的美少女」の名を欲しいままにしていたのはご存知のとおりである。

「ハーフでありながら、それを強く感じさせないバランスの良さ。それにかわいいだけではなく、性的な魅力を兼ね備えていたところが男性には人気でした。当時、観月ありさ、牧瀬理穂と並んで〝3M〟という言葉も流行しましたが、人気

面、話題面では常に宮沢りえの圧勝でしたね」（大手週刊誌記者）
17歳のとき、「ふんどしルック」のカレンダーを発売しバカ売れしたが、18歳の彼女が世に放った写真集『Ｓａｎｔａ　Ｆｅ』は日本中を仰天させた。
「この衝撃のヌード写真集は155万部を発行し、今後破られようのない写真集の発行部数記録となりました。期待よりもさらに1枚上を行く、彼女の積極性は時代を突き抜けていたし、あの写真集によってさらに人気が過熱しました」（同）
となると、次なる注目は「誰がりえの恋人となるのか」という点であったが、実はこの写真集が出版された1991年9月、りえはすでにある「スター」に急接近していた。当時、大相撲界で空前のブームとなっていた「若貴兄弟」の弟、貴花田（当時関脇）である。2人の出会いを週刊誌記者が解説する。
「最初の出会いは1990年、スポーツ紙のお正月紙面で当時十両だった貴花田と、人気アイドルだったりえの対談企画が実現したときでした。場所は六本木の寿司屋で、相撲しか知らない貴花田はすっかり舞い上がり、『ぼくの理想はりえさん』などと早くも〝勇み足〟を披露していた。貴花田の父である元・大関貴ノ花の藤島親方（当時）は、こうしたバラエティ企画にOKを出さない人なんですが、このときは十両に昇進して一応、関取になったからということで、特別に許したのだと思います」

この初遭遇の翌年8月、2人は東京・国立競技場で開催されていた世界陸上の中継番組に揃ってゲスト出演。カール・ルイスの大会3連覇を一緒に生観戦していたのである。

20歳の角界プリンスと、人気絶頂の19歳美少女タレント。そうそうないビッグカップルだが、若さと勢いもあいまって、2人は1992年11月、ついに婚約を発表する。第一報はテレビ朝日の「ニュースステーション」だった。

「あのときは、多くのメディアがスクープを狙っていて、特に貴花田サイドに食い込んでいた『日刊スポーツ』が一歩リードしているといわれていた。ところが、京都で2人がデートしているのを見た一般人が『週刊女性』にその情報を伝えたことで、りえの事務所に確認取材が入り、そこから全メディアに情報が流れていった。ネットもなかった時代なのに、恐ろしい話ですよ」（週刊誌記者）

婚約から破局までの期間は3カ月だった

ともかく、速報性に勝ったテレビがスクープしたことで、今度は「貴・りえ世紀の結婚報道」がスタートする。情報源は互いの「母」だった。まず、藤島部屋のおかみさんである憲子さんは、相撲記者にとってはおなじみの存在。

「そもそも取材されることが好きな人で、1聞けば10返ってくるような、ありがたい存在でした。この頃は、大相撲のことと結婚のことで、本当に凄まじい数の記者が藤島部屋に押しかけていましたが、憲子さんはきっちり媒体の性格や、報道スタンス、

締め切りのスケジュールなどを頭に入れて情報を流していた」(同)

一方、りえ側のスポークスマンは「りえママ」こと母の光子さん。離婚して父がいないりえの「守護神」として、こちらもマスコミの報道に目を光らせていた。

10月、婚約会見に臨んだ2人は会見中も手をつなぐなど幸せそのもの。しかし、角界を取材する古参記者の間では、りえとの結婚を危険視する声が当初から上がっていた。

「りえがこのまま仕事を続けるならば、貴花田は土俵に集中できないし、仮に仕事をやめて家庭に入っても、りえのような女性が古い体質の角界になじめるとは思えない。将来的に貴が引退して部屋を持つことになったとき、おかみさん業がつとまるのかという疑問もある。しかし、当時のマスコミは過熱する一方で、そんな水を差すような懸念は一切報じられませんでしたね」(同)

だが、その懸念は的中する。婚約発表からわずか2ヵ月後、『週刊文春』が婚約解消の危機を報じると、「まさか」と静観していたメディアも、やがてそれに追随する「破局危機」をいっせいに伝え始める。その論調は、おおむね「りえママ批判」だった。
「要するに『りえは芸能界を引退する』という最初の約束をひっくり返したりえママが悪い、という話です。憲子さんは完全にりえママとトラブルになって感情的になっていましたし、当時、若貴をかわいがっていた芸能界の大物実力者が〝りえママ嫌い〟で知られていたこともあって、貴サイドの主張が一方的に報道されたのです」(同)
「覆水盆に返らず」とはまさにこのことで、引き離された傷心の2人はその後、立ち直るのにそれぞれ時間を要した。1995年、貴は横綱に昇進し、元フジテレビアナウンサー・河野景子と婚約したが、りえのほうは「激ヤセ」が話題になるなど、しばらく不安定な状態が続いた。
歴史に「もし」がないと分かっていても、あのとき2人が結婚していたら、どんなことになっていたのかと想像してしまう。おそらく大相撲の歴史、芸能界の歴史だけではなく、日本の歴史そのものが変わっていた。それだけのエネルギーに満ちた騒動だった。

宿命の優勝決定戦「兄弟対決」
史上空前の「若貴ブーム」を暗転させた「疑惑の一番」

大津太郎（ジャーナリスト）

長き大相撲史のなかでも空前絶後の熱狂を巻き起こした「若貴フィーバー」。だが、あの「運命の一番」を境に兄弟の離反、そして名門・花田家の崩壊が始まった。1995（平成7）年九州場所千秋楽、たった一度の「兄弟対決」をめぐるドラマ。

（2016/1掲載）

大相撲の世界で同期入門の力士たちの絆は一際強い。「花の六三組」——昭和63年の春場所で初土俵を踏んだ力士は95人いる。

そのなかから、3横綱1大関を含め11人の関取を輩出したため、その年デビューした力士は「花の六三組」と呼ばれている。

若貴兄弟、曙（2024年4月死去）、魁皇、力櫻……。ブームの立役者となった若貴兄弟をはじめ、外国人横綱第1号の曙、優勝回数6回の史上最強大関・魁皇など、相撲史に残る名力士が揃う。

彼らは、1年に一度は集まって酒を酌み交わし、相撲談義に花を咲かせていた。2013（平成25）年8月、同期会は愛知県知多郡武豊町の「すもうBAR」で開かれ、その模様はNHKのドキュメンタリー番組でも取り上げられた。

番付ひとつ違えば、天国と地獄といわれる大相撲の世界だが、同期会の場は違う。貴乃花は「コウジ」、曙は「チャド」と名前で呼び合う。雰囲気は終始和気藹々（あいあい）なのだ。

ところが、この同期会に一度も現れない人物がいる。若乃花こと花田虎上（2

入門時の若貴兄弟。当初から注目の的だった

011年に勝より改名）氏である。

なぜか。貴乃花の知人の元力士が言う。

「お兄ちゃんは〝あのこと〟を気にして、絶対、顔を見せない。おそらく、永遠に弟との復縁なんてないでしょうね」。〝あのこと〟とはいったい何のことなのか。

　それを語る前に、熱気が漂っていた藤島部屋の稽古（けいこ）場についてこの元力士が続けて言う。

「稽古は見慣れている私でさえ、こんな凄い稽古は見たことないとドキドキし、体が左右に動きましたもんね。若い力士ばかりのこの部屋では、心臓が強くなると、関取になるまでは待ったなしの稽古でした。若貴の申し合いは顔から落ちても土俵すれすれまで目を開けているんですよ。それに加えて、足の甲って汗が出ないというのが常識じゃないですか。ところが、親方は足の甲から汗が出るまで稽古をやめさせなかった。1日100番くらい取っていましたかねえ。これは強くなる。そう確信しましたよ」

この元力士の予想通り、若貴兄弟は横綱になった。伯父に土俵の鬼・初代若乃花（横綱）を持ち、父も大関なら当然ともいえそうだが、あまりに妥協を許さない猛稽古にこの力士は兄弟が相撲の神の化身に見えたという。

「光司、分かっているな」

では、互いに努力研鑽（けんさん）を積み、切磋琢磨（せっさたくま）して横綱へ昇進した若貴兄弟の兄が何ゆえ、弟に気兼ねして同期会に現れないのか。

この元力士が言う。

「1995（平成7）年九州場所千秋楽の前の夜、師匠であり父親でもある二子山親方（元大関・貴ノ花）が4連覇を狙う貴乃花を宿舎の自室に訪ねた。そして問題の発言があったのです」

二子山親方は貴乃花に何と言ったのか。その前にこの場所の14日目終了時点の状況を整理してみよう。

12勝2敗でトップに並んでいたのが横綱・貴乃花と大関・若乃花。3敗の力士はなく、優勝はこの2人に絞り込まれていた。

2人は同部屋のため本割での対戦はない。この場所横綱・曙は途中休場しており、千秋楽の相手は貴乃花が大関・武蔵丸、若乃花は関脇・武双山だった。

つまり若・貴がどちらも勝つか、あるいはどちらも負けた場合、史上初の「同部屋・兄弟による優勝決定戦」となる条件だった。

当時全盛期だった貴乃花は4場所連続優勝がかかっており、一方の若乃花は、小結の若花田時代に1度優勝があるだけで大関昇進後、若乃花としてはまだ優勝がない状態。

優勝して当たり前の貴乃花に対し、若乃花にはどうしてもモノにしたいチャンスの場所だったわけである。

さて、先の二子山親方である。元力士の証言をもとに2人のやり取りを再現すると、それはおよそ次のようなものだったという。

二子山親方「光司、明日は分かっているな」

貴乃花「……ハイ？」

元力士が語る。

「貴乃花は意味が飲み込めずにいたが、親方は貴乃花が理解したものと思ってその場を去ってしまった。そこで部屋の先輩から『負けてやれって意味だよ』と言われ、愕然とするのです」

二子山部屋は一切、八百長を認めない「完全ガチンコ部屋」として相撲記者の間では有名だった。

それまで角界の上位に陣取っていた横綱・大関が、軒並み週刊誌で「八百長疑惑」を報じられ、実際に元力士が実名で迫真性のある「八百長工作」を証言していた。

そんな状況のなかで、当時二子山部屋のおかみさんである憲子（現・紀子）夫人は「ウチだけは絶対に八百長はありません。もしそんなことがあればその場で即、親方が破門します」と公言していたのだ。

若貴兄弟は師匠である父の信念を何より誇りに思い、だからこそ血のにじむようなハードな稽古にも耐え、清新な相撲を取り続けることができたのである。

「その師匠が、ありえないことを口走った。貴乃花のなかでそれまでの尊敬できる父親像が崩れていったんです。二子山親方は若乃花に『光司も承諾したから』と伝えたらしい」（元力士）

運命の千秋楽、若乃花は武双山に敗れ3敗となり、貴乃花の優勝がほぼ決まったかと思われた。

だが、ここで貴乃花は武蔵丸にあっけなくはたき込みを決められ、実の兄弟による禁断の「優勝決定戦」が実現してしまうのである。

問題となった優勝決定戦は熱戦を期待したファンの思いを裏切るものだった。

四つに組んでから若乃花が左から絞り、右四つに。土俵際に寄り立て、左から

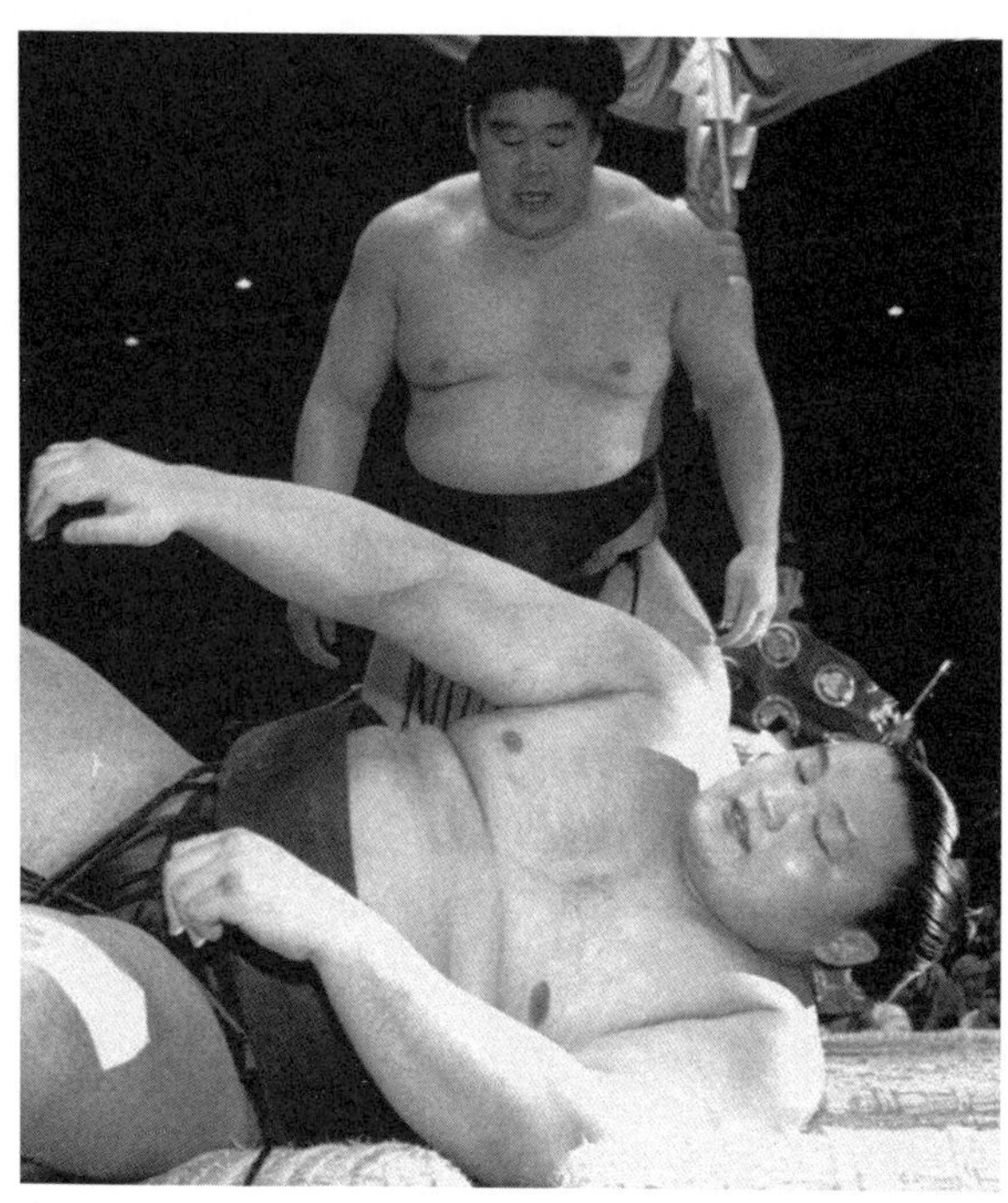

貴乃花が自ら「力が入っていなかった」と認めた問題の一番

下手投げを打つと、貴乃花は待っていたかのように右膝（ひざ）からあっさり崩れ落ちた。

いつもの貴乃花とは思えぬ力ない転び方に場内からはどよめきが起こり「人情相撲」ではないかと指摘する声があがった。

そして、その後しばらくすると二

子山部屋に「異変」が勃発する。

貴乃花の「洗脳騒動」と兄弟の「絶縁」である。

「洗脳騒動」と兄弟の確執

兄弟の確執が初めて表面化したのは1998（平成10）年秋場所直前に起きた、謎の整体師による「洗脳騒動」からである。

その年、若乃花は春場所、5月場所と2場所連続優勝し、史上初の「兄弟横綱」が誕生したばかりだった。

「若乃花の横綱昇進後、稽古場では貴乃花の様子がどうもおかしい。若乃花を拒絶するようなよそよそしい態度が目立つようになったんです。そればかりか若乃花の相撲を『型がない』『強くない』と批判した。二子山親方はいたたまれなくなり、貴乃花が懇意にしている整体師に問題解決を委ねた。結果的にはこれが裏目に出た」（週刊誌記者）

親方夫妻は「貴乃花は自分たちの掌にいて、外に出ない」と思い込んでいたフシがある。

二子山親方が旧知のテレビ局女性リポーターに相談したのもまずかった。リポーターはあろうことか、

「このことはきちんと世間に明らかにした方が光ちゃんの目が覚める」

と助言したのだ。

結局、親方は部屋の顧問弁護士からカルトに強い弁護士まで紹介してもらい相談したあげく「貴乃花は整体師に洗脳されている」と告白して大騒ぎになった。元力士が言う。「親方は、あの兄弟対決の前日の一言が、貴乃花に払拭(ふっしょく)できない不信感を植え付けてしまったことに気づいていなかったようだった。だが、周囲は当時相撲協会幹部だった二子山親方の面子を慮(おもんばか)り、2人に無理やり、和解の握手をさせ、うわべを取り繕った。若乃花は正しかろうと、間違っていようと、適当にごまかすことができる。が、貴乃花はごまかしが利かない性格で、正論を曲げない。2人の復縁演出はかえって花田家に生じた亀裂を大きくしてしまった

んですよ」

兄弟の確執が大きくなるにつれ、沈黙を守り続ける若乃花に対して、貴乃花はマスコミで積極的に発言した。

実の兄を「勝氏」と呼ぶ貴乃花の異様なもの言いは、あれほど強く結ばれていた兄弟の絆が修復不能な状態に陥っていることをうかがわせた。

1990年代後半から兄弟は絶縁状態に

若乃花は横綱での優勝がないまま2000（平成12）年に引退。そして休場がちになっていた貴乃花も2003（平成15）年に引退した。

若乃花はわずかな期間、年寄・藤島として協会に残っていたがその後協会を退職。横綱まで上りつめながら、あっさりと角界に別れを告げてしまう。

親方の病気と夫人の不倫騒動

「弱り目に祟り目」とはよく言ったものだ。

若貴兄弟の引退で二子山部屋が衰退しはじめると、親方の健康状態が悪化した。二子山親方は2005（平成17）年、口腔底がんでこの世を去ったが、その前から蜂窩織炎（ほうかしきえん）や脚の血行不良で入退院を繰り返していた。

前出の週刊誌記者が次のように証言する。

「1997（平成9）年秋頃から、親方はどんどん痩（や）せ細り、顔色はドス黒くなっていった。病院で診察してもらうと、とにかくレバーやホウレンソウを食べるように言われる。しかし、食事管理しても、良くならないんです。そこで、親方の知人の紹介で別の大病院で診てもらったところ、重い血液の病気であることが分かった」

親方がソファで横になり、「ハアハア」と荒い息をしていることもあった。あるいは、

「暗い！　おい、電気をつけろ、電気だ！」

と夜中に突然、叫び出すこともあったという。当時、花田家では家政婦に来てもらっていたが、親方の病状はもう見ていられない状態だった。

その後、親方はある大病院に入院する。そこで医療チームが組まれ、懸命な治療が施された。

憲子夫人が「不倫」を疑われた相手はその医療チームのなかにいた。

「親方の容態は入院して格段に良くなったんです。感激した親方はMさんという青年医師を度々部屋に呼んでは食事をご馳走するようになった。憲子さんの不倫疑惑が一部の週刊誌に報じられたのは2000（平成12）年7月。親方が名古屋巡業で留守中、憲子さんしかいないはずの二子山部屋にMさんが2連泊したと報じられたんです。病気は快方に向かったが、その報道で親方と憲子さんの不仲は決定的になった」（週刊誌記者）

実は、その前から夫婦仲がしっくりいっていなかったのもまた、事実である。

「お茶をいれてくれ」

「嫌よ」

「お前は家のことを何もやっていないじゃないか」

そんな夫婦喧嘩もしばしばだった。

当時の憲子夫人はとにかく、あまり親方と2人っきりになりたくない様子だった。

家政婦が帰宅時間になって帰ろうとすると、憲子夫人が「いいのよ、一緒にご飯を食べていきなさい」と3人で夕食をともにすることもあったという。

しかし、機嫌のいい時の親方は、

「ノリちゃんはね、憲子っていうんだ本当はね」

と童謡をもじった歌を口ずさむこともあり、関係修復を望むフシもあったという。

「親方は『マスコミはウソつきだ。うちの女房に限って不倫するなんてあり得な

い』と考えているようでした。しかし、実際には2人の溝は大きくなるばかりだったのです」（週刊誌記者）

そして、不倫騒動から1年後の2001（平成13）年、ついに夫妻は離婚したのだった。

「力が入っていなかった」

2005（平成17）年5月、口腔底がんのため二子山親方が死去する。

だが、葬儀の主導権をめぐって兄弟が争い、花田家のスキャンダラスな話題は尽きなかった。

そして、兄弟対決から10年も経過した2005（平成17）年6月、貴乃花は「スーパーモーニング」（テレビ朝日）の番組内で、漫画家のやくみつる氏の質問に「片八百長」を事実上認めたと取られてもしかたのない発言を行ったのだ。

やく氏が問いかける。「（兄弟）軋轢（あつれき）の原点は、傍目に見てもちょっと力が入っ

「国民的一家」の内実はすさんでいた

ていない一番に見えたが、あそこだったのか」

それに対して貴乃花はこう答える。

「それは間違いじゃあないですね」

すかさず、他の出演者が畳み掛ける。

「（あの一番が若乃花との）相撲観の違いを決定するに至ったのか」

「そうですね。私の至らなさだと思っています」

その口ぶりは、引退してもなおあの相撲が自分にとって「どうしても許せない」ことであったのを強烈に感じさせるものであった。

相撲人生でただ一度「力を抜いてしまった」一番。

ベテラン相撲記者はこう解説する。

「二子山親方は情が厚いという表現を超越した、

むちゃくちゃ濃い人でしてね。相撲に全身全霊で打ちこんでいたものの、若乃花に訪れた優勝のチャンスを何とか引き寄せられるよう援護したかったということだと思いますよ。冷静に考えれば、それが忌み嫌う八百長になるということに気付くわけですが、それを忘れさせてしまうほど若乃花のことで頭がいっぱいだったのでしょう」

しかし当時、平成の大横綱と言われた貴乃花は23歳。己の信じる相撲道を貫く土俵の哲学者として、師匠のあの言葉は受け止めるには重すぎる衝撃だったに違いない。

「父親の性格や相撲道を一番受け継いだのが貴乃花。貴乃花は天才で難なく横綱に昇進したというのは間違いです。素質だけで取っていたのはむしろ、若乃花。貴乃花は死ぬ思いと努力で頂点に立った」（ベテラン記者）

2人のこの違いが「相撲観」の違いになって現れたと言えなくもない。そして、その後、2人の間に確執が生じるのだ。

テレビでの発言をキャッチして部屋に集まった報道陣を前にして貴乃花は、こう語っている。

「若貴兄弟と取り上げてくれるのは嬉しかったが、あまりにもきれいに映りすぎていた。必ずこういうときが来ると、幼心にも分かっていた」

何があっても「見えない絆」

話は前後するが、若乃花の芸能界転身にもっとも反対したのが二子山親方だった。マスコミにチヤホヤされた若乃花が「タレントになりたい」と伝えたところ、親方はこう一喝した。

「角界から出るなら、お前は勘当だ！」

しかし、親方と離婚した憲子さんは息子の芸能界への思いを支持した。

「親方に言ってもダメよ。あなたは世界のお兄ちゃんなんだから、小さな相撲の世界にとどまっていないで、外へ出ていかなければダメよ」

若乃花は二子山親方の反対を押し切って芸能界へ進んだ。

父・二子山親方の葬儀でも確執は表面化した

だが、案の定、人気は頭打ち。名義を貸してちゃんこ店チェーンの経営にも乗り出したが、うまくいったのは最初だけで後に破産。しかも、私生活では4人の子どもをもうけた美恵子夫人と2007（平成19）年に協議離婚している（のちに別の女性と再婚）。

「若乃花は弟との確執もテレビ番組のネタにするほど窮地に陥っている。NHK解説者の北の富士氏の後釜として、フリーの立場で相撲の仕事もしたいというのがホンネでしょうが、そこでも障害になるのが、協会の理事となっている弟の存在なんです」（ベテラン相撲記者）

2012（平成24）年1月、若乃花はテレビ朝日の番組に出演し、初めて兄弟の確執について語った（「徹子&羽鳥が初タッグ　あの真相全て聞きます〜ザ・プレミアムトーク」）。

最大の注目場面はやはり件の兄弟対決だった。

母親の紀子さん（憲子から改名）は、司会者から「兄に優勝を譲るように親方が話したのか？」と質問されると、こう話した。

「取組の前日、（宿舎の）それぞれの部屋を（親方が）訪ねた。親方は直接そういう言い方はしないでしょうけど、心情的に『分かるな』というようなことを言ったと推測します」

最後に「国民的家族は世界一の苦しみも味わっていた」としたうえで、若乃花と貴乃花親方へのメッセージを読み上げた。

「光があれば陰があり、喜びがあれば悲しみもある。（2人の息子の）切れてしまった糸が見えない絆でつながっていることをいついつまでも願っています」

母親の切なる思いだった。

「東洋の巨人」の知られざる私生活と「王道プロレス」の悲劇

夫婦で墓に入った「ジャイアント馬場」の封印された半生

戦後日本のプロレス界を代表するジャイアント馬場。彼の残した全日本プロレスと、彼の半生を綴った2016年の記事をほぼそのままの状態で再録する。当時は、ジャイアント馬場の墓はなかったが、現在は元子夫人と共に神戸にあるお寺の墓で眠っている。そのことを念頭において読んでほしい。

(2016/1掲載)

力道山を源流とする日本のプロレスは、戦後日本を代表する大衆文化であると同時に復興と繁栄を映し出す鏡でもある。

力道山が1963（昭和38）年に39歳で死去した後、ジャイアント馬場とアントニオ猪木が同時期にそれぞれ新団体を設立。

その後、「馬場・猪木時代」が到来し、約30年間にわたって馬場の「全日本プロレス」と猪木の「新日本プロレス」がライバル団体として興行戦争を繰り広げた。

しかし、一方の雄であったジャイアント馬場は1999（平成11）年、現役のまま61歳で死去。そして馬場が創設した「全日本プロレス」は一時、崩壊の危機にあった。

「全日本はおそらく、あと1年以内に消滅すると見られています」

と2016年当時、プロレス誌記者が語っていた。

「馬場が世を去った翌年には全日本を支えたかつてのエース・ジャンボ鶴田も死去した。その後三沢光晴ら大半の選手が全日本を離脱して新団体『ノア』を設立。

全日本はライバル・新日本プロレスのエースだった武藤敬司を後釜の社長に招聘し、10年ほど〝武藤・全日本〟の時代が続きました。しかし、経営は常に綱渡りの状態で好転せず、ついに武藤は2013（平成25）年に全日本を放り投げ、別の団体を設立してしまった。その後は山形県のケーブルテレビが親会社となって立て直しを図っていますが、有力選手の退団が止まらず、もはや団体の体をなしていない状態です」

また、実質的に全日本プロレスを継承した三沢光晴の『ノア』も、現在の状況は全日本と大差はなかった。

「2009（平成21）年に大黒柱の三沢が試合中の事故で急死してから一気に経営が傾いた。日本テレビによる地上波中継も打ち切られ、その後暴力団関係者による巨額詐欺事件の舞台となっていたことなどが発覚して、取引先がいっせいに離れた。こちらもいつ潰れてもおかしくない」（同）

かつて「王道」と呼ばれたジャイアント馬場のプロレスはいま、名実ともにこの世から消え去ろうとしていた。そして、そのことを憂える業界関係者も見当たらなかった。

前出の記者が語る。

「プロレス界の巨人であった馬場さんですが、その交友関係はそれほど広くはなく、特にタニマチ付き合いは一切していなかったため、その私生活を知る人は元子夫人をはじめごく限られた人間しかいませんでした。また、現役時代から特定のプロレス記者以外に心を開くことはなく、そうした関係者の多くが鬼籍に入ったいま、ジャイアント馬場の

馬場の「実像」を伝える資料は極端に少ない

実像はファンの前に明かされぬまま、歴史の狭間に封印されようとしているのかもしれません」

馬場が死去してすでにかなりの年数が経過しようとしているが、いまもってその「墓」がないことは業界内で広く知られた話である（現在、墓は存在している）。遺骨は元子夫人が手元で管理しているとされ、ファンが花を手向ける聖地といったものは存在しない。

また、ジャイアント馬場に関する評伝の類は本人の知名度、足跡を考えれば極端に少ない。アントニオ猪木の半生が、実にさまざまな形で記録に残されているのとは好対照である。

オフィシャル的な自伝としては1987（昭和62）年に上梓された『ジャイアント馬場　王道十六文』（ジャイアントサービス）があるが、内容的には低調で、プロレスラーとして、あるいは経営者として、虚飾のない人間・馬場正平の心象風景を描いた作品とはとても言い切れない。

しかし、見方を変えれば同書は馬場の生き方を象徴しているとも言える。

版元のジャイアントサービスは通常の出版社ではなく元子夫人が代表をつとめる「身内」の会社であり、制作に関わったのは、馬場が心を許していた数少ない古参プロレス記者の1人である菊池孝氏（故人）だった。

これは読者に対し、知られざるジャイアント馬場の実像を伝えようとした本というよりも、あくまで本人のイメージを守るための、いわば馬場と元子夫人のための本だったのである。

1980年代から90年代前半にかけ『週刊プロレス』の編集長をつとめたターザン山本氏が語る。

「僕が1977（昭和52）年にこの業界に入ったとき、すでに大御所だった菊池孝さんが、天下の馬場さんのことを〝馬場ちゃん〟と呼んでいるのを見て、この人には永久にかなわないと思った。もし、馬場さんが生きているときに取材して何かを書こうとしたら、それは馬場さんと元子さんの意向に完全に沿うものでしかあり得なかった。だから馬場さんの実像を後世に伝える本というのは事実上存在しないんです」

リングに立ったときの巨大な存在感とは裏腹に、内に秘められたままの私生活と生きざま。そのコントラストを演出してきたのは、ひとえに元子夫人の存在が大きかったという。

山本氏が続ける。

「2人はお互いにこの人しかいない、というまさに世界にたったひとつしかない錠と鍵の関係だった。それはプロレスという世界では極めて異例のことだったけれども、元子さんはさまざまな思惑を抱いて馬場さんの元に集まってくる有象無象の人間をすべてブロックする役回りだったんです。新幹線の隣の席に座った人に話しかけてタニマチにしてしまう猪木さんとはまったく反対だよね。元子さんのなかではまだ馬場さんは生きている。遺骨を手離さないのも、墓など作ったら完全に過去の人になってしまうし、まだ生きている馬場さんをいつまでも守りたいという気持ちが続いているんですよ」

〝2人で1人〟の存在だったジャイアント馬場と元子夫人。その物語はまだ終わっていなかったのである。

「明石キャンプ」での出会い

ジャイアント馬場と元子夫人（旧姓・伊藤）の出会いは1950年代にさかのぼる。

馬場が読売巨人軍に入団したのは1955（昭和30）年のこと。当時の巨人は兵庫県明石市をキャンプ地としており、そこに地元出身の元子夫人が足を運んだのがきっか

ジャイアンツ時代の馬場正平

けだった。

馬場のプロ野球時代は不運の連続だった。

入団後、2軍で好成績をあげていた馬場は入団3年目となる1957(昭和32)年に1軍初登板を果たし、巨人が優勝を決めた後の消化試合で初先発に抜擢(ばってき)される。

後楽園球場で10月23日に行われた中日25回戦。しかし、その日はただの消化試合ではなかった。

中日の先発は「フォークボールの神様」と呼ばれた杉下茂。そして杉下はこの試合に通算200勝がかかっていたのである。

プロ入り初先発のマウンドに登り、意気込んだ馬場は全力の投球を続け、5回を1失点と好投する。

しかし、中日1点リードの場面で代打を出され交代。その後、リリーフした〝ジプシー〟こと後藤修と、この年新人王を獲得する藤田元司(後に巨人監督)は中日打線のメッタ打ちにあい、終わってみれば10対0。杉下は完投で、めでたく記念の200勝を飾った。

前出の山本氏は、後年、馬場と親しい関係を築いた際に馬場本人から笑い話として こう聞かされたという。

「あのとき先輩投手から怒られたんだよ。お前、本当に分かってんのかと」

すでに巨人の優勝が決まっている消化試合。2軍選手だった馬場をあえて200勝のかかった杉下にぶつける。言ってしまえば「うまく負けて来い」という試合である。

だが、そこで若かった馬場は空気を読まず無駄に好投してしまう。慌てて監督は投手を交代させ、藤田が「仕事」を果たした――そんなエピソードである。

「これも馬場さんから聞いた話ですが」

と山本氏。

「当時、巨人の2軍選手が集まって、申し合わせをしたというわけです。『コーチや監督にお中元やお歳暮を贈るのは、実力主義のスポーツの世界になじまないので一切やめよう』とね。純粋で世間知らずだった馬場さんは、バカ正直に贈り

1983（昭和58）年にやっと開かれた結婚披露宴

物をやめたが、馬場さん以外の選手は全員、お中元、お歳暮を贈り続けていたんですよ。いかに馬場さんが人間社会というものを知らなかったかという話だけど、そういった馬場さんの話はどこも書いてない。なぜなら、もし馬場さんの言ったことをなんでもすぐに記事にしたら、あっという間にガイにされる（疎外される）。もう信用ならんというわけで馬場さんは自分から遠ざけるわけです」

馬場は1959（昭和34）年オフをもって巨人を解雇され、大洋ホエールズ

（現・横浜ＤｅＮＡベイスターズ）に移籍するが、宿舎の風呂場で転倒し左ヒジを痛めたことから球界引退を決意。プロレス界に転身するのである。

元子夫人との関係は続き、日本プロレス時代の１９６６（昭和41）年に婚約。１９７１（昭和46）年には密かにハワイで挙式が行われ、馬場が１９７２（昭和47）年に全日本プロレスを設立する際には、元子夫人の実家から多額の金銭提供があったという。

もっとも、この時点では馬場と元子夫人は正式に籍を入れていない内縁関係であり、ジャイアント馬場にパートナーがいること自体、ファンには伏せられていた。

２人が正式に入籍し発表されたのは１９８２（昭和57）年のことだった。

「憎まれ役」の元子夫人

全日本プロレスのエース兼社長として君臨するジャイアント馬場。

だが、その陰には常に元子夫人の姿があり、グッズやライセンス関連のビジネスを取り仕切る全日本プロレスの関連会社「ジャイアントサービス」が元子夫人の牙城だった。「子どものいなかった元子さんは全日本の巡業にすべて帯同し、リング外のあらゆることに目を光らせていた。業者やリングスタッフを厳しく叱責するし、僕らマスコミの記者に対してもきつい物言いをするので、選手を含めてほとんどの人が〝馬場さんは好きだが元子さんは……〟という思いを抱いていたはず。元子さんが唯一敬意を払っていたのは、菊池孝さんや東京スポーツの幹部だった櫻井康雄さん（故人）、老舗専門誌『ゴング』編集長の竹内宏介さん（故人）など、日本プロレス時代から馬場さんを知っている重鎮記者たちで、僕らのような末端記者はまともに相手にしてもらえなかったね」（山本氏）

だが、あえて元子夫人が嫌われ役、ヒールを引き受けたことで、不満の矛先が馬場に向かうことがなかったので、全日本プロレスの経営が安定したという側面も見逃せない。

当時の全日本の選手たちの「不満」は、意図的に悪役を演じた元子夫人に吸収され、結果的に馬場を守る役割を果たした。これも形を変えたひとつの「愛」であったのかもしれない。

当初は馬場夫妻から相手にもされなかったというターザン山本氏だが、80年代後半に当時勢いを伸ばしていた『週刊プロレス』（ベースボール・マガジン社）の編集長に就任すると、徐々に潮目が変わり始める。

それまでの古参記者を押しのける形で、首都圏のビッグマッチ後、キャピトル東急ホテル（現ザ・キャピトルホテル 東急）のラウンジ「オリガミ」に押しかけると、馬場夫妻と和田京平レフェリーが必ずそこにいた。

「ただ食事をするだけなんだけど、自分から懐に入り込めば、拒絶はされなかった。そして何より当時の『週刊プロレス』は専門誌として異例の部数を発行していたし、加えて全日本プロレスは猪木さんの新日本に興行戦争でまったく勝てなかった。馬場さんは完全にビジネスとして僕を取り込み利用しようとしたし、僕もそれを承知で接近していった」（山本氏）

やがて山本氏はメディアの立場にありながら全日本のマッチメークについてま

で馬場に「意見」するアドバイザー的存在となり、蜜月の時代は数年間続いた。
「僕が馬場さんと親密になる前は、猪木ファン、新日本のファンから馬場さんはひどい言われ方をしていた。〝アッポー〟とかスローモーな動きを揶揄されたり、ビートたけしも〝飛行機の翼に手を入れてた〟とか、馬場さんの体が大きいことをさんざんネタにしていたわけ。僕はそうした世間に対して、馬場さんと全日本を再評価してやりたかった」（山本氏）

全日本は当時主力選手だった天龍源一郎の離脱や、絶対エースだったジャンボ鶴田が1992（平成4）年にB型肝炎を発症し第一線から離脱するなど危機の連続だったが、そこで三沢光晴ら若手が台頭し、逆に黄金時代を築き上げることに成功する。

「それでも選手の間に不満はあった。新日本のようなマイクパフォーマンスは許されなかったし、馬場さんはバラエティ番組やCMに出演しているのに所属選手は禁止。ラッシャー木村に単行本の出版企画が来ても、馬場さんより目立つのは認められないという理由だけで却下された。こうした不満がことごとく元子さん

のほうに行くわけです」（山本氏）

　その後、新日本プロレスから取材拒否を通達された『週刊プロレス』が凋落し、山本氏が編集長を辞任すると、馬場夫妻との関係も自動的に終焉を迎えることになった。

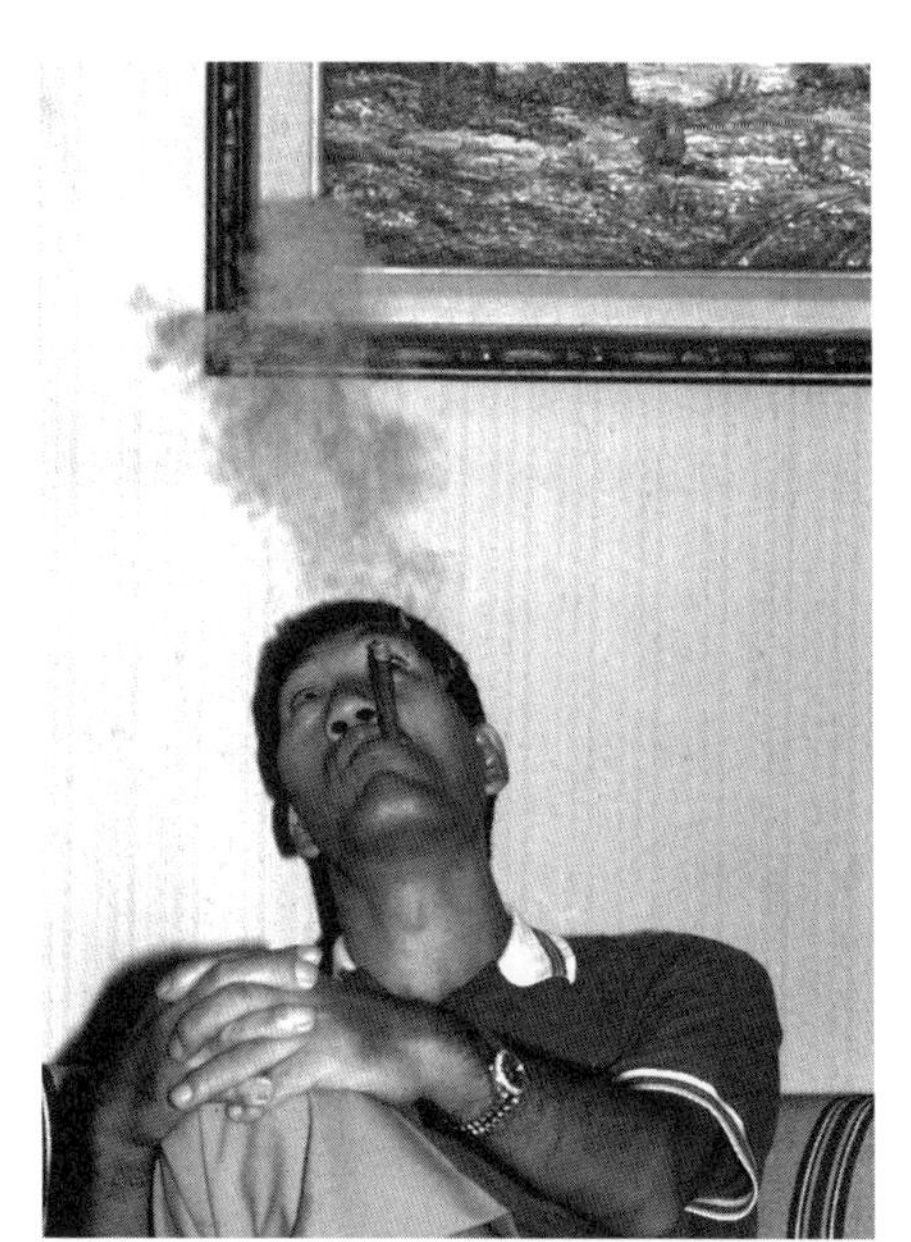

寡黙な馬場の趣味は絵を描くこととテレビでテレビ番組の「水戸黄門」を観ることだった

　馬場の死去後、三沢光晴ら所属選手がすぐに元子夫人と対立し、ほとんどの選手が全日本を離れ三沢についていったことは必然の流れだったのかもしれない。

ありえなかった「評伝」

すでに述べたように馬場は決定版と言えるような自伝を残さぬまま他界した。元子夫人によって書かれた『ネェネェ馬場さん』（講談社刊、２０００年）も、例によって故人に不都合な情報は一切省かれた超私的ラブレターであるため、プロレス史の文献としても、ひとりのスターの評伝としても評価できるものではない。山本氏が語る。

「元子さんがもし、客観的な馬場さんの実像を語ったり、あるいはそれを誰かに取材させて自由に書かせたりすれば、その瞬間に馬場さんは元子さんのものではなくなってしまう。その防衛本能と恐怖感から、馬場さんはいまも唯一秘密を共有した元子さんによってプロテクトされている。唯一、リング上における馬場さんの試合の記憶だけがファンにとっての財産であり、歴史であるわけです。ただそれは、良い悪いの問題ではなく、天国の馬場さんも望んでいたことだったんじゃないかな」

プロレスというジャンルにはその始まりから「所詮(しょせん)は八百長」という世間の〝偏見〟との闘いがあった。

アントニオ猪木は「プロレスこそ世界最強の格闘技」というスローガンのもと、いつ、どこで、誰の挑戦でも受けると豪語し「プロレスは八百長などと決して言わせない」と世間に打って出る、そうした生き方で多くのファンを獲得してきた。

しかし、馬場のスタイルは猪木と正反対だった。

「特に言葉による自己アピール、自己表現というものを嫌ったのが馬場さんという人だった。選手は無言で試合をして無言で終わらなければいけないし、プロレスがあらかじめ結末の決まっている八百長と言われても、それに言葉で反論することは許されないと考えていた。それが、馬場さんの実像が伝わらない理由のひとつでもあったわけです」（山本氏）

馬場は囲み取材でまれに新人の記者を見つけると、旧知の記者に「あれはどこ（の社）？」と必ず聞いていた。マスコミと分かっても、そんなときには決して本音を言うことはなかったという。

「プロレス記者ってのは社会部の記者と違うんだよ」

少し人間関係ができた記者に、馬場はこう言っていた。「プロレスの秘密を本気で暴かれたらひとたまりもないということを、馬場さんはよく理解していて、守りの姿勢を固めていたわけです。猪木さんは逆に『プロレスにだって市民権はある。真剣勝負であることを証明する！』と攻めに出たわけで、ここでも2人は正反対だった」（山本氏）

馬場が現役時代、困ったこととしてあげていたのが「一文銭」を持ってくるちびっ子ファンだったという。

馬場の代名詞「16文キック」は足のサイズから来ているとされていたが、本当にそうなのか、一文銭で確かめたいというわけだ。

この「16文キック」については、当時米国で購入した靴に「16」のサイズ表示があったのを当時の新聞記者が「16文」と誤認して命名したといわれており、実際のサイズは「約14文」だった。しかし「16文」を信じている子どもに本当のことを説明することはできない。プロレスが幻想に包まれていた時代ならではのエピソードだが、こうしたいくつかの逸話がファンの間に広まったのも、馬場が死去してからのことであった。

プロレスの幻想を維持するためなら、平気でウソをつくことも許されると割切っていた猪木と、そうでなかった馬場。2人の違いはこんなところにも見て取れる。

奇跡のタッグチーム

現在、馬場元子氏は全日本プロレスの親会社にあたる「全日本プロレス・イノベーション」の取締役に名を連ねている。

ジャイアント馬場に薫陶を受けた「最後の弟子」とも言える秋山準が社長をつとめているものの、2015（平成27）年後半になって元横綱の曙など主力選手が離脱。経営危機が表面化している。

冒頭のプロレス記者はこう語る。

「馬場さんが亡くなった直後は、私財をなげうってまで全日本の看板を守った元子さんですが、数年前に健康を害したこともあって、いまはもう団体の存続にそれほどこだわっているわけではない。もし近いうちに全日本がその看板を降ろすことがあったとしてもそれを淡々と受け入れ、在りし日の馬場さんの思い出とともに、静かに余生を過ごすものと思われます」

元子夫人は毎年、馬場の命日に当たる1月31日、思い出のザ・キャピトルホテル東急に関係者を招き「偲ぶ会」を開催してきた。

毎年会に出席している関係者が語る。

「昨（2015）年は『偲ぶ会』の後、後楽園ホールで全日本プロレスがジャイアント馬場の17回忌追善興行が行われたため、元子さんもいつもの年より気が張っているように見えた。しかし、やはり老いは隠せない。いつも今年が最後になるかもしれないという気持ちで出席していますよ」

仮に団体が消滅したとしても、究極の「殉愛」を体現した馬場夫妻の絆にはまったく影響しないであろう。

ファンにできることは、ジャイアント馬場の伝説を守り、ひたすら信念を貫いた元子夫人の姿をただ見守り、記憶することだけなのかもしれない。

・　・　・

2018年に元子夫人も亡くなられた。その後、ジャイアント馬場が生前、自らが作った墓に彼の遺骨とともに元子夫人も埋葬された。その墓は、ジャイアント馬場が父親を亡くして悲しむ元子夫人のために、父親の墓の隣に建てたものだ。ジャイアント馬場と元子夫人の「愛」の証である。

絶頂と挫折

酒井法子 1995(平成7)年
さかい・のりこ

1986(昭和61)年芸能界デビュー。「のりピー」の愛称で昭和末期のアイドルとして活躍した。90年代には中国、台湾でも人気を博し、女優としても活躍の幅を広げていたが、2009(平成21)年、薬物事件により逮捕される。

ワイド特集2

戦後史を彩った事件とその主役たち

スターたちの「一番長い日」

俳優・タレント編

戦後の成長時代に誕生した芸能界の国民的スターたち。大衆の心をつかんで離さなかったヒーローたちの、語り継がれる「あの事件」を秘話とともに発掘する。俳優・タレント編。

（2016/1掲載）

孤高の男が墓場に持っていった「江利チエミ」との破局の真相

1 高倉 健

2014（平成26）年11月、惜しまれながら83歳で世を去った高倉健。日本の映画黄金期を代表するスター俳優の死は、ひとつの時代の終焉を感じさせた。

もっとも、あれだけの大物俳優でありながら、私生活を公表することを嫌い、めったにテレビ番組に出演することのなかった高倉のエピソードはそれほど多くない。

そのことが憶測を呼び、まことしやかな「高倉伝説」が流布されていることもまた確かなのである。

高倉健の謎のなかでも、最大といえるものはやはり、その女性関係であろう。

2015（平成27）年、晩年の高倉と伴走し、死の半年前に養女となって巨額の相続を受けたとされる当時50代女性の存在がクローズアップされたが、高倉がその生涯で正式に結婚した女性はただひとり。女優、江利チエミである。

2人が結婚したのは1959（昭和34）年。近年は「江利チエミ」の名を聞いてもピンとこない人も多くなったが、当時の江利は美空ひばり、雪村いづみと合わせ「三人娘」と呼ばれたスター女優で、一方の高倉健は無名とまではいわないものの、多くの俳優のうちの1人に過ぎなかった。

そもそもは、映画で共演した江利に高倉のほうが思いを寄せるようになり、押しきる形で交際に発展したという。

「当時は芸能人の結婚でも〝釣り合い〟というものが重視された時代で、特に男の収入が女より下というケースは、よほど女の側が惚れ込んでいるケースを除き珍しかった。健さんのケースはその珍しい例に入るものだったと思います」（元週刊誌記者）

当初は円満と見られていた2人の結婚生活だったが、1971（昭和46）年9月、ついに破局が訪れる。

「すべて、私の不徳といたすところです」

その頃はすでに仁侠映画で大スターとなっていた高倉は、映画での役どころそのままに短くそう答えたきりであったが、ある雑誌記者のこんな質問にはさすがにムッとした。

「ホモだという噂もありますが本当なのでしょうか」

高倉は記者を睨んでこう答えた。

「ホモですか。どうもありがとうございます」

前出の元記者が語る。

「巷間言われていたのは、金銭問題です。結婚後、高倉の収入が飛躍的にアップしたことで、江利の異父姉が事務所の経営に入り込んできて、そのとき多額の使途不明金が出た。そうした問題に加え、結婚3年目に江利は妊娠高血圧症候群にかかり、子どもを産めなかったことも不幸だった。もし子どもが生まれていれば、何とか離婚せずにという判断があったかもしれません。事務所の金銭トラブルが表面化したとき、責任を感じた江利はこれ以上高倉に迷惑をかけられないと自ら

1959（昭和34）年に結ばれた高倉健と江利チエミ

離婚を申し入れ、問題の異父姉を追放。借金を自力で返済したと言われました」
高倉はこのときの離婚の経緯について、具体的なことはほとんど語っていない。
ただ、離婚から14年が経過した1985（昭和60）年に、女性誌の取材に対しこう語っている。
「お互い自分ひとりで生きてきたわけじゃないし。みんな別の環境の中で育ってくる。結婚する時も周りのものをひきずってくるのが普通でしょ。それにこちらが適応しなければいつしか自分が苦しくなる……」（『With』1985年9月号）

決して江利を憎んで別れたわけでもなく、ましてや同性愛者でもないというのが真相だったようだ。

その後、高倉は何人かの女優と噂になったこともあったが、決定的な熱愛には発展しなかった。

往年の高倉を知るベテランの映画関係者が語る。

「記者にも健さんのファンが多い。たとえ側にいる女性を知ったとしても、あえて筆を折った記者が多かったのはまぎれもない事実です」

江利は1982（昭和57）年2月13日、自宅で死去しているところをマネージャーに発見された。45歳の若さだった。

その数日前に発生していたホテルニュージャパンの火災や日航機羽田沖墜落事故の報道ラッシュで、江利の死は当時、大きく報道されることなく終わっている。

だが、その後長らく世田谷区にある江利の墓前に、深く帽子をかぶった高倉健と思われる男性の姿がしばしば目撃されていた。

有名一家を襲った卑劣な犯行　長女誘拐事件「地獄の1日」

2 津川雅彦

北朝鮮による拉致被害者の救援運動を支援するなど、政治的活動でも知られた俳優の津川雅彦。2018年8月に心不全で亡くなった。

津川の父は沢村国太郎、母はマキノ智子、兄は長門裕之、妻は朝丘雪路という芸能一家に育った津川だが、本人が「人生最大の修羅場だった」と振り返っていたのが1974（昭和49）年に起きた「長女誘拐事件」である。

津川と朝丘雪路の間に長女・真由子が誕生したのは同年3月のことだった。その5カ月後の8月15日未明、悪夢は起きた。

この日、生後間もない赤ちゃんだった長女は、付き添っていた看護師とともに、津川夫妻の寝室の隣にある部屋で寝ていた。

深夜3時、不審な男が音もなく侵入し、2階の部屋にいた赤ちゃんを抱きかかえる。このときウトウトしていた看護師は一瞬、津川が長女を連れ出したと誤認した。

しかし、少ししてから何かおかしいものを感じた看護師がはっきり目を覚まし、隣の部屋に寝ている津川に確認に行く。

「すみません、真由子さんはこちらですよね」

津川が跳ね起きた。もちろんここにはいない。近くの大臣宅の警備をしていた警察官を呼び、付近を駆け回ったが犯人の姿はなかった。

午前4時、津川宅の電話が鳴った。

「娘は預かった。400万円を銀行に振り込め」

逆探知は間一髪間に合わなかった。津川は警察の指示に従い150万円を入金する。

当時、銀行のキャッシュディスペンサーはすでにあったが、カネを引き出した場合、それがどの場所かは特定できなかった。

警察の要請を受け、入金された第一勧銀は徹夜でソフトウェアを書き換え、現金引き出し場所の特定に成功。

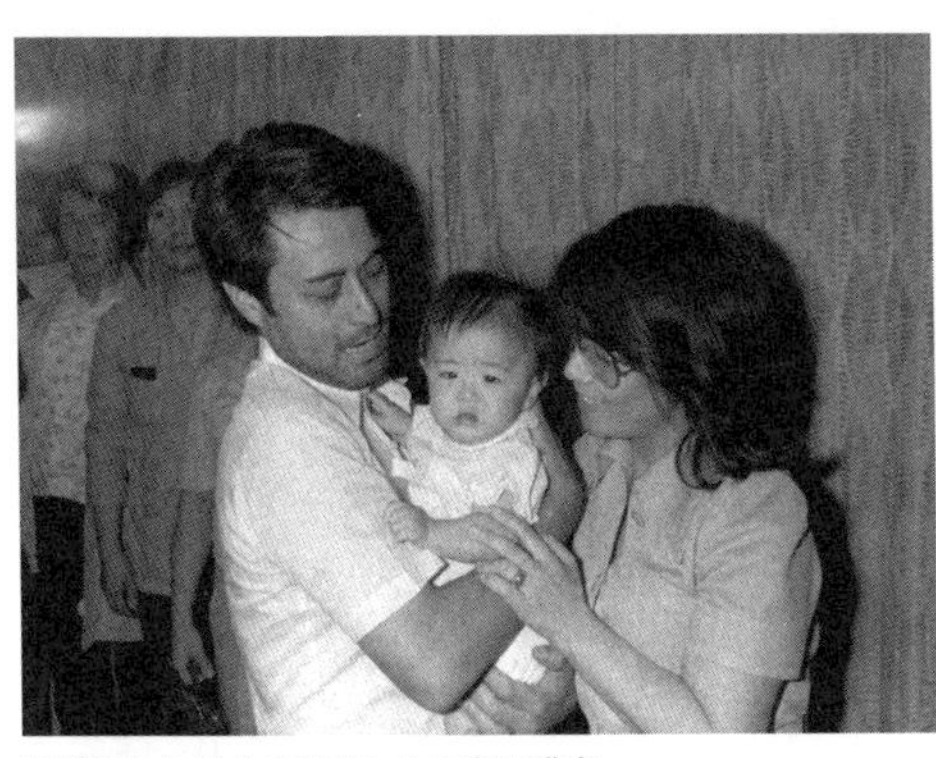

保護された長女を抱きしめる津川雅彦

8月16日正午に東京駅南口出張所で29万円を引き出した男が捕まり、事件はスピード解決したかに見えた。

しかし、ここで新たな問題が浮上する。

逮捕された23歳の誘拐犯が、赤ちゃんの居所を厳しく追及されるとこう居直ったのだ。

「どうせオレは死刑になる。何も言わない」

死刑になる――その言葉を聞いた津川夫妻は絶望の淵に追い込まれた。それは最悪の結末を暗示する言葉だった。

警察が男の指紋を調べたところ前科があったことが分かり、そこから割り出した男の自宅に急行すると、赤ちゃんは奇跡的に無事だった。

男は週刊誌などで津川宅の住所や間取りを知ったと供述し、プライバシーの公開リスクが改めて認識された事件となった。なお、犯人には懲役12年6カ月の判決が言い渡されている。

「この事件では新聞各社が報道協定を結び、顛末は事件解決後に報道されましたが、『東京新聞』が〝芸能人が子を宣伝に使うからこうなる〟と自業自得論を展開したため、津川との論争に発展しました」(全国紙編集委員)

幸いにも生還した娘をその手に抱いた津川は、事件を機に良き家庭人であることを最上位に置くようになる。

誘拐された長女・真由子はその後女優となり、現在は父が社長をつとめた事務所に所属している。

理想のファミリーが封印する忌まわしい「愛児殺害事件」

３ 高島忠夫

　芸能界きってのおしどり夫婦として知られた高島忠夫（故人）・寿美花代夫妻。政宏と政伸の息子２人は俳優であり、忠夫の弟は音楽プロデューサーの高嶋弘之、姪はヴァイオリニストの高嶋ちさ子という有名人一家である。

　以前、高嶋政伸とモデル・美元の「泥沼離婚騒動」が芸能マスコミの話題となったが、この高嶋政伸を「２人兄弟の弟のほう」と思っている日本人は多い。

「確かに彼は弟ですが、２人兄弟ではない。彼は〝一番下の弟〟なのです」

　とベテラン社会部デスクが語る。

「高嶋兄弟には、幼くして殺害された長兄がいました。つまり彼らは３兄弟なのですが、すでに事件から半世紀以上が経過し、そのことを知る人も少なくなって

「理想の夫婦」と言われた高島忠夫と寿美花代

きました」

高島家が封印する「忌まわしき事件」は東京五輪を控えた夏の日に起きた。

俳優・高島忠夫と宝塚のトップスターであった寿美花代は1963（昭和38）年に結婚。この年3月に長男・道夫が誕生し、一家は幸せに包まれていた。

華麗な夫婦は8月下旬より、40日ほどかけて海外を旅行する予定になっていた。その出発が4日後に迫った1964（昭和39）年8月24日、高島家に住み込む家事手伝いのA子（17歳）が深夜2時ごろになって突然こんなことを言い始めた。

「道夫ちゃんがいないんです。赤ちゃんが泣いているような声を聞いたので、見に行ったら外のほうに怪しい人影を見ました」

高島夫妻に緊張が走った。妻の花代は警察に通報。2人で家のなかをすみずみまで探したが、道夫ちゃんはいなかった。

最後に残ったのが浴室だった。フタが閉まっているのを見た花代に嫌な予感が走った。家族全員が風呂に入り終わった後はA子が水を抜いておくことになっていたからだ。

おそるおそるフタを開けると、水が残ったままの風呂桶で長男はすでに水死していた。花代は悲鳴をあげその場に崩れ落ちた。

すぐに犯人が割れた。第一発見者を装ったA子だった。高島夫妻が身内同然に接してきた少女が凶行に及んだことで、さらなる衝撃が走った。

A子が高島家で働くようになったのは、事件の前年、1963（昭和38）年の暮れのことだった。

新潟県・佐渡出身のA子は地元の高校に進学を希望していたが、受験に失敗したため上京し墨田区の工場で働いていたところ、その会社にたまたま高島の知人がおり、高島家が家政婦を募集していることを聞いて、大喜びで転身したのだった。

庶民と比べ物にならない豪華な暮らしを目の当たりにし、A子の手癖の悪さが出る。家のなかの宝飾品が紛失していることに気付いた花代がA子を問い詰めたところ「犯行」を自供。いったんは解雇されそうになるが、十分に反省を見せたこととA子がまだ少女であること、また何より高島の仕事が忙しくなり、付き人が必要だったこともあって夫妻はA子を許した。

夫妻は新しい看護師を道夫のために雇用し、さらにお手伝いとして、花代の知人のベテラン家政婦（69歳）を雇い入れた。A子は高島の付き人に専念することになったのである。

だが、A子は急速に自分が疎外されているという感情を抱いていた。

海外旅行を控えた高島夫婦も、道夫を世話する看護師とベテラン家政婦には「お土産を買ってくるからね」とにこやかに声をかけるのに、自分には何も言ってくれない。

〈この子さえいなくなればいいいんだ！〉

A子に瞬間的な殺意が芽生えた瞬間、道夫は湯船に沈められてしまったのだった。

少女だった彼女には1965（昭和40）年、懲役3年から5年という不定期刑が言い渡された。この年、悲しみに包まれていた高島家に次男・政宏が誕生している。

A子は出所後、新潟の地元に戻り結婚したと伝えられる。生きていれば77歳になるA子はいま、何を思うのだろうか。

ジャーナリズムに一石を投じた　まさかの「フライデー襲撃事件」

4 ビートたけし

1981（昭和56）年に創刊された写真週刊誌『FOCUS』（新潮社）は、新しい報道のスタイルを切り開いた雑誌である。

その後、大手出版社の多くが写真週刊誌を創刊。なかでも1984（昭和59）年創刊の『フライデー』（講談社）はお色気・芸能路線を軸に本家の『FOCUS』に迫る勢いで部数を伸ばし、2誌の頭文字を取って「FFされる」などといった言葉が芸能界で流行した。「いまでは考えられない話ですが、当時は150万部以上を発行しており、取材のためなら何をしても許されるといった雰囲気がカメラマンの間にもありました」

と当時『フライデー』で仕事をしたカメラマンが語る。

「芸能人がクルマのなかにいれば、クルマのドアを自ら開けて写真を撮ろうとするのもいたし、敷地内に入ったり塀によじ登ったりするのは日常茶飯事。それでも厳しく言われなかった時代でした」

しかし、過熱する取材合戦に世間からは報道姿勢を疑問視する声が上がり始め、1986（昭和61）年に『Emma』（文藝春秋）がアイドル・岡田有希子の自殺直後の遺体写真を掲載した際にはその声がいっそう大きくなった。

『フライデー』は1986（昭和61）年9月5日号で次のようなスクープを飛ばす。

〈ビートたけしの別宅へ通う〝美女〟〉

当時39歳のたけしは『オレたちひょうきん族』などで絶大な人気を誇っていた売れっ子タレント。

相手は19歳の一般人、A子さんで広告代理店役員の娘だった。

釈明の記者会見後、たけしは半年間公の場から姿を消した

その後、A子さんは同誌に執拗に追いかけられ、12月には後ろから手首をつかまれるなどの被害を受ける。

それを聞いたたけしがブチ切れた。12月8日夜、たけしが編集部に自ら電話を入れる。

「A子に取材した記者と話がしたい。自宅へ来い」

しかし編集部はこの要求を拒否す

る。意を決したたけしは午前2時になって、「たけし軍団」11人を引き連れ、東京都文京区・音羽にある講談社に乗り込んだ。

「当時はセキュリティーも甘かったですからね」

と冒頭のカメラマン。

「正直、夜中でも誰でも入れましたし、それはどこの会社の編集部でも同じだったと思います。あのときたけしと軍団はそこまで大暴れするつもりはなかったようなんですが、対応した記者が挑発したんです。〝そんなに言うなら殴ればいいじゃないですか。これも記事にしますんで〟とね。それで、そのまま東らが逆上し、暴行事件に発展してしまった」

軍団は編集部員に殴る蹴るの暴行を加え、1人は肋骨骨折の重傷を負った。

「後になって一番言われたのが、誰もそのとき写真を撮らなかったことなんですよ。写真週刊誌なのに1枚も撮ってない。それぐらい現場が緊迫していたということでしょうね」（同）

講談社のすぐ横の大塚署から警察官が駆けつけ、たけしと軍団は逮捕。軍団11

人は不起訴となり、たけしは懲役6カ月執行猶予2年の有罪判決を受けた。また、A子さんを取材した記者も傷害罪で告訴され罰金10万円の判決が確定している。

その後、たけしは半年以上にわたってテレビから消えたが、これによっていっそう写真週刊誌への批判が高まり、その部数は下降線を辿るようになる。

現在も生き残っている主要な写真週刊誌は『フライデー』と『フラッシュ』（光文社）のみ。雑誌が入れ替わって「FF」がまだ残っているわけだが、部数で言えば「最盛期の10分の1ですね」と前出のカメラマンは言う。

もっとも、たけしはその後『フライデー』と和解し誌面にも登場。

「あのときは一発殴って終わりにして、編集部員も含めてみんなで飲みにいくつもりだった」

「あの頃はさ、オイラも『フライデー』もハンパじゃないくらい売れまくってて、互いに〝天下取ったゾ〟って感じだったじゃない。そのハイテンションな両者がぶつかっちゃったのがあの事件だったんだと思う」

昭和の芸能黄金期を示す一断面である。

NHKエースアナの痛恨「ミソラ」発言が変えた人生

5 生方恵一

戦後の紅白歌合戦の歴史のなかで、いまも人々の記憶に強烈なインパクトを残した「事件」がある。

1984（昭和59）年の「ミソラ」発言がそれだ。

当時総合司会をつとめたNHKの生方恵一アナ（故人）が、都はるみの登場時、誤って「ミソラ……」と口走ってしまった事件は、悲劇というよりもひとつの人生ドラマとして放送業界に語り継がれている。

1984（昭和59）年、紅白歌合戦最大の目玉は演歌歌手・都はるみの「引退ステージ」だった。

2年前には視聴率が60％台にまで落ち込んでいた紅白歌合戦。その巻き返しのために、NHKは「都はるみ引退」を喧伝。

結果的に過去10年で最高となる78・1％の視聴率を記録することになるのだが、その内容が問題だった。

この日を最後に「普通のおばさん」になるという都はるみが「夫婦坂」を歌い終わった後、白組司会の鈴木健二アナウンサーが台本にないことを言い出した。

「私に1分時間を下さい！」

そして都は異例のアンコール「好きになった人」を歌ったのである。

当時51歳だった生方アナ

歌い終えた直後、生方の頭にこんな思いがよぎった。
〈ここは「はるみちゃん」じゃない。きちんとフルネームの場面だな……〉
一瞬、そのことが頭をかすめたことが生方のトークに微妙な影響を与えたのかもしれなかった。

「もっともっと、たくさんの拍手を、ミソラ……」

言葉に詰まった生方は少し間をあけて続けた。

「都さんにお送りしたいところですが、なにぶん限られた時間です……」

このときの瞬間視聴率は80％以上。たったひとことの言い間違いではあったが、涙の引退ステージのクライマックスで、よりによって紅白歌合戦には因縁のある美空ひばりの名を出してしまったことは、その後大きな波紋を広げることになった。

この一件はワイドショーなどでも「失態」として大きく取り上げられ、生方アナは週刊誌やスポーツ紙の取材攻勢を受けた。

そして翌年7月、生方はアナウンサー職を離れ大阪に異動、その後すぐにNHKを退職することになる。週刊誌には「失言で左遷され退職」と書き立てられた。

「あれは前から決まっていたんです」

とNHK関係者が語る。

「そもそも大阪への異動はあのミソラ発言の前から内定していて、部長級から特別職の局次長級への昇格ですから栄転だった。しかし、生方さんはアナウンサーという仕事そのものへのこだわりが強い人だったのと、奥さんが乳がんを発症したこともあって、大阪勤務をあきらめたんです。しかし、あの事件があまりに有名になったので、外部には左遷としか受け取ってもらえなかったんですね」

ちなみに「事件」の瞬間、石坂浩二・浅丘ルリ子宅で紅白歌合戦を視聴していた美空ひばりは「あれ、いま生方さん変なこと言ったわよ」と語り、その後の「左遷」騒動については「あれでNHKをクビになるんだったら、私が一生食べさせてあげなくちゃ」と持ち前の姉御肌を発揮していたという。

その後、民放で長らく司会業などをこなしていた生方であったが、当時のことについて時折取材があると、嫌がることなく、しかも爽やかに振り返っており、それは紅白の総合司会という大役をつとめた人物の人間力を感じさせるものであった。

2014（平成26）年、生方は81歳で死去した。

引退したはずだった都はるみは1990（平成2）年に歌手復帰したが、現在は芸能活動を停止している。

「ビッグ」発言で地獄に転落　復活トシちゃんの雌伏20年

6 田原俊彦

かつてジャニーズ事務所（現・STARTO ENTERTAINMENT）の看板アイドルとして活躍した「トシちゃん」こと田原俊彦。すでに63歳となるが、年齢を感じさせない動きは健在で、根強い人気を誇る。

80年代に「たのきんトリオ」メンバーとして近藤真彦らとともに一世を風靡した田原だが、1994（平成6）年にジャニーズ事務所を独立してしばらくは、不遇の時代を送っていた。

「そのきっかけともなったのが、いわゆる〝オレはビッグ〟発言です」

と芸能記者が語る。

「彼は中山美穂と交際していましたが、破局して直後にモデルの向井田彩子と結婚、子どもが生まれた。それを芸能マスコミに追いかけ回され、ついあの発言が出てしまった。メディアはスクラムを組んで田原を叩きましたが、ちょうど同時期に田原がジャニーズ事務所から独立したため、彼を守ってくれる装置は何もなかったのです」

問題の発言は1994（平成6）年2月のことだった。

スキャンダルを乗り越え円熟味を見せる近年の田原俊彦

前年10月に結婚した向井田との間に第一子が誕生し、その記者会見に登場した田原は、明らかに苛立っていた。

「えー、お忙しいなかね、マスコミ嫌いの田原のためにこうして集まっていただきありがとうございます」

「今日のこの場面ですか、会見もね、ボクの意志に反することは十分にあるんですが、そこは百歩譲ってボクのためではなく、みなさんももちろんこうして集まってくれましたし、ま、すべてを語るというわけにはいかないと思いますがね」

チクチクとマスコミを批判しながら答え続ける田原。中山美穂破局騒動から冷戦が続く芸能メディアも、次第に苛立ちを募らせる。

そして妻・向井田彩子との結婚についても改めて質問が飛ぶと、問題の発言が飛び出した。

「何事も隠密にやりたかったんだけど、僕くらいビッグになっちゃうとそうはいきませんけれどもね」

これをワイドショーが生中継。もちろん「ビッグ」の部分に対して「何様なのか」という批判を入れての編集である。

それまでジャニーズ事務所という大きな傘の下にいた田原ではあったが、当時の田原は事務所独立が規定路線となっており（実際にその翌月に個人事務所を設立）ジャニーズとは対立していた。

つまりメディアは気兼ねなく、田原を批判することができたのである。

「結婚」「独立」「ビッグ」の3点セットにより、田原は人気女性誌『ａｎａｎ』の定番企画「嫌いな男」で堂々の1位を獲得。昨日の人気アイドルがあっという間に大ヒールになってしまうメディア時代の恐ろしさをまざまざと感じさせた。

「いま思えばかわいそうなところもあった。もともと〝ビッグ〟というのはトシちゃんがあえて自分の代名詞として使っていた言葉だったからね。ナルシストのキャラクターを演じるために〝ビッグ〟と言っていただけで、本人は自慢するつもりもなかった」（前出の芸能記者）

田原の「復活現象」が顕著になったのは10年ほど前からのことである。

「自分の商品価値に見合ったギャラ設定と、自虐やイジられることも厭わない、かつてのプライドを捨てた姿勢が好感を持たれた。まあ、大人になったということでしょう」（同）

昭和アイドルの「しぶとさ」を見せつける田原俊彦。これからもぜひ〝ビッグ〟なステージを見せてもらいたいものである。

前代未聞の移籍トラブルとW加勢が演じた「残念人生」

7 加勢大周&坂本一生

芸能界にはつきものの「独立・移籍」騒動。織田裕二、吉田栄作と並び「平成の御三家」として活躍していたイケメン俳優「加勢大周」がそのトラブルに見舞われたのは1993（平成5）年7月のことである。

その2年前、加勢大周（本名・川本伸博）は所属事務所「インターフェイス・プロジェクト」の待遇に不満を持ち、独立を模索していた。加勢は母を社長とする個人事務所を設立し移籍するが、「インター」社長は対抗措置として「加勢大周」の芸名を商標登録出願し、使用を差し止める裁判を起こす。

元祖加勢大周（左）と2代目の坂本一生

裁判では「インター」社が勝利。しかし加勢が不服として控訴すると、高裁では加勢側の主張を認める逆転判決が言い渡される。

そこで「インター」側は、22歳の新人・坂本一生を新たに「加勢大周」としてデビューさせる。芸能界に同姓同名の2人が存在するという異例の事態をメディアは大きく報道。元祖加勢大周は、新たに「加勢」が誕生しないよう、「新加勢大周」「東京加勢大周」など36種類ものバリエーションを商標登録し、法的対抗措置を取った。

しかしここで、芸能界に大きな発言力を持つ「日本俳優連合」（森繁久彌理事長）が問題の解決に乗り出した。

日俳連には逆らえなかった「インター」社は所属の加勢を「坂本一生」に戻し、問題はひとまずの決着を見た。

しかし、騒動の代償はあまりに大きかった。

急速に人気が落ちた元祖加勢は２００８（平成20）年、大麻と覚醒剤（かくせいざい）を所持していた疑いで逮捕され、有罪判決を受ける。執行猶予はついたものの、芸能人生命は断たれた。

坂本もやはり給与を払わない事務所を飛び出し、バラエティ番組を転々とするが、人気は頭打ちに。２０１５（平成27）年には月刊誌『宝島』の取材に対し、便利屋チェーンを展開する会社の取締役になり、自ら現場に出て仕事をしていることを語っていたが、その直後「実は名前だけの役員で、自分は何も仕事をしていない。報酬もなかった」と一転して便利屋チェーンを告発している。

結局、一度も会うことはなかった２人の加勢大周。その人生が残念すぎることだけは共通していた。

引退から44年――ミステリアスな「現人神」の物語

山口百恵が「封印」し続ける「表現」という名の魔力

8年に満たない短き芸能生活を通じ、鮮やかな記憶を日本人の脳裏に刻んだ山口百恵。21歳でステージを降りたアイドルは、その後44年もの間、沈黙を守り続けている。あの「原節子」を彷彿させる「生ける神話」――その聖域を自ら守り続ける彼女の心象風景を、育ての親として知られる酒井政利氏（音楽プロデューサー、故人）が語った。

（2016/5掲載）

１９８０年の芸能界引退から44年。いまなお、「昭和最高のアイドル」としてその名が挙がる山口百恵。

国内で発行される主要な雑誌を所蔵する「大宅壮一文庫」（東京・世田谷区）は、約４００誌から作成したキーワード別の「索引ランキング」を発表しているが、同文庫創設から現在にいたるまでの「総合ランキング」において、山口（三浦）百恵は7位にランク入りしている（２０１６年4月現在）。

「中3トリオ」と飛ばれた桜田淳子（右）、森昌子（中）、山口百恵（左）

わずか8年の芸能生活に区切りをつけた後、一切表舞台に立っていない人物が、この順位をキープし続けるのは異例の現象であり、改めて山口百恵という存在が、時代を超越した「伝説」となっていることを認識させられる。

当初は地味な存在だった山口百恵の内面に類稀なる「スター性」を見出し、百恵を世に送り出したことで知られる音楽プロデューサー・酒井政利氏に、山口百恵と彼女が生きた時代について聞いた。

「三浦百恵」が管理する「山口百恵」の神話

1980年に引退した山口百恵は、待望論もあるなかで、表舞台に復帰することなく沈黙を守っています。

これは三浦百恵さんが、「山口百恵」という歌手、女優、アーティストを見事に管理しているのだと思います。

それは大変難しいことであって、往々にしてタレントは自分のイメージを壊してしまう。しかし、三浦百恵さんの場合は、努力して完璧に過去の自分を管理している。そこに彼女の「凄み」があるのです。

山口百恵の価値を守ること――それは、かつてお世話になったスタッフたちへの彼女なりの恩返しでもあると、私は感じますね。

ステージに上がる人間は、しばしば魔力に取り付かれる。「表現力」という名の奥に潜む魔力ですね。

彼女もまたそうでした。時期としては引退する2年ほど前でしたか、山口百恵の心のなかに葛藤があったように思います。

アイドルからスター歌手、さらにそのゾーンを抜けてアーティストになりつつあった。表現への欲求が、はっきりと見て取れました。

私は心配でした。しかし彼女は、その気持ちを何とか払拭して、結婚という決断に向かっていったのです。

彼女は引退した後も、その「魔力」と闘っていたようでした。何か具体的なことを言ったわけではないのですが、会うと、それを感じる瞬間があったんですね。

ただ、そういう心の葛藤から生まれるエネルギーを、夫（三浦友和）の俳優業を支えたり、息子さんを育てるという方向に振り向けていったのだと思います。

山口百恵が、70年代に全盛を誇ったオーディション番組「スター誕生！」（日本テレビ、通称「スタ誕」）出身であることはよく知られている。

1972年、同番組で牧葉ユミの「回転木馬」を歌った山口百恵は見事、準優勝に輝く。翌年に14歳で芸能界デビューを果たし、森昌子、桜田淳子とともに「花の中3トリオ」と呼ばれた。ちなみに森昌子、桜田淳子はともに「スタ誕」優勝者である。

当時、CBS・ソニーのプロデューサーだった酒井氏と山口百恵の「出会い」もまた、この番組がきっかけだった。

「スタ誕」応募写真と山口百恵の「存在感」

「スター誕生！」という番組のプロデューサーは日本テレビの池田文雄さん（故人）でした。

池田さんのことはよく存じ上げていましたが、私自身はこの番組自体にあまり協力していなかったんです。

というのも、私はオーディション番組というものにそれほど興味がなくて、むしろそういう番組に反発するような、アンチテーゼを示すようなタイプが好きだったんです。

ただ私のそういう性格を池田さんも見抜いていたんですね。ある日電話がかかってきましてね。こんなことを言われました。

「酒井さん、ちょっと会って欲しい子がいるんだけどね……」

「どういうことですか？」

「いや、札が挙がらないと思うんだ」

札というのは、「スタ誕」で上位入賞者に対し、芸能事務所がプラカードを挙げて獲得の意思を示すときの話です。

「石鹸」のような
清潔感があった

でも地味な女の子だから、札が挙がりそうもない。だからちょっと会ってもらって、できれば札を挙げて欲しいと。そういうお願いだったわけです。

私はまず池田さんに、番組の応募書類を見せてもらったんですね。名前は山口百恵。そしたら非常にきれいな顔の印象なんです。

時代劇の「銭形平次」や「大江戸捜査網」などの出演で知られる土田早苗さんに似た、和の美しさがありました。私は直感的に「歌でうまくいかなくても、時代劇の女優さんならいけそうだな」と思ったりしました。

その写真は公園のブランコの脇に立っているものでした。決して着飾ったりしているわけでもなく、大地を踏みしめているというか、意志の強さを感じさせる雰囲気の写真でした。

私はそのとき池田さんにこう言いました。

「フォークっぽいものを歌わせたら面白いかもしれませんね」

すると池田さんもイメージがピンと来た様子でね。

「そうだ、フォークか、なるほど……」

そんな感じでした。

でも、いまでも初めて山口百恵の写真を見たときの、強い印象は忘れません。私はよく言っているんです。自分のなかで「想念」を持たないと、思う人には出会えないよ、と。

日頃から〝こんな人に出会いたい〟という「想念」を持っていれば、探している人に出会える。私が山口百恵に出会えたように。

彼女は牧葉ユミの「回転木馬」を歌って芸能界デビューにこぎつけるわけですが、桜田淳子や森昌子と比べて、そこまで大きな期待をかけられていた存在ではなかったですね。

まず、どことなく影の部分というのか、暗さがつきまとっていた。それから当時はまだ歌手として音域が狭かった。いわば合格点スレスレですよね。

ただ、彼女と面接する段になって、実際に初めて言葉を交わしたあと、私は山口百恵という存在がやけに気になってくるんですね。

そのときの第一印象というのは「それほど多くのことを話していないのに、ずいぶん長く話したような気がするなあ」というものでした。

どうしてそういう気持ちになるのだろう、と考えたとき、彼女の「表情」に惚れ込んでいる自分に気付いたのです。

私はもともと映画製作の仕事がしたくて、大学卒業後に松竹に入社しました。ところがちょうどその頃から日本の映画産業は斜陽になりまして、テレビが時代の主役になっていく。でも、私は映画が好きでそれをなかなか諦め切れませんでした。

松竹から日本コロムビアに転職したときも、「映画のテーマソングを作る」という気持ちで仕事に取り組みました。原作となる本を探すところから始めて、映像を自分の頭のなかで作っていくわけです。

1964年、入社3年目に手がけた「愛と死をみつめて」。これは原作もベストセラーになりましたが、日本コロムビア初となる日本レコード大賞を獲得しました。いま思い返しても、まったくの幸運でした。

当時から私は、映像で物事をイメージする癖がありました。山口百恵さんとい

山口百恵の「シングル」「ドラマ」「映画」

シングル（タイトル）	発売日	オリコン最高位	作詞	作曲
としごろ	1973・5	37位	千家和也	都倉俊一
青い果実	1973・9	9位	千家和也	都倉俊一
禁じられた遊び	1973・11	12位	千家和也	都倉俊一
春風のいたずら	1974・3	11位	千家和也	都倉俊一
ひと夏の経験	1974・6	3位	千家和也	都倉俊一
ちっぽけな感傷	1974・9	3位	千家和也	馬飼野康二
冬の色	1974・12	1位	千家和也	都倉俊一
湖の決心	1975・3	5位	千家和也	都倉俊一
夏ひらく青春	1975・6	4位	千家和也	都倉俊一
ささやかな欲望/ありがとうあなた	1975・9	5位	千家和也	都倉俊一
白い約束/山鳩	1975・12	2位	千家和也	三木たかし
愛に走って/赤い運命	1976・3	2位	千家和也	三木たかし
横須賀ストーリー	1976・6	1位	阿木燿子	宇崎竜童
パールカラーにゆれて	1976・9	1位	千家和也	佐瀬寿一
赤い衝撃	1976・11	3位	千家和也	佐瀬寿一
初恋草紙	1977・1	4位	阿木燿子	宇崎竜童
夢先案内人	1977・4	1位	阿木燿子	宇崎竜童
イミテイション・ゴールド	1977・7	2位	阿木燿子	宇崎竜童
秋桜	1977・10	3位	さだまさし	さだまさし
赤い絆（レッド・センセーション）	1977・12	5位	松本隆	平尾昌晃
乙女座　宮	1978・2	4位	阿木燿子	宇崎竜童
プレイバックPart2	1978・5	2位	阿木燿子	宇崎竜童
絶体絶命	1978・8	3位	阿木燿子	宇崎竜童
いい日旅立ち	1978・11	3位	谷村新司	谷村新司
美・サイレント/曼珠沙華	1979・3	4位	阿木燿子	宇崎竜童
愛の嵐	1979・6	5位	阿木燿子	宇崎竜童
しなやかに歌って	1979・9	8位	阿木燿子	宇崎竜童
愛染橋	1979・12	10位	松本隆	堀内孝雄
謝肉祭	1980・3	4位	阿木燿子	宇崎竜童
ロックンロール・ウィドウ	1980・5	3位	阿木燿子	宇崎竜童
さよならの向う側	1980・8	4位	阿木燿子	宇崎竜童
一恵	1980・11	2位	横須賀恵	谷村新司
惜春通り	1994・4	34位	石丸博	川口真

【ドラマ】(タイトル)	放送局	期間
顔で笑って	TBS	1973・10〜1974・3
灯のうるむ頃 (銀河テレビ小説)	NHK	1974・7
赤い迷路	TBS	1974・10〜1975・3
赤い疑惑	TBS	1975・10〜1976・4
赤い運命	TBS	1976・4〜1976・10
赤い衝撃	TBS	1976・11〜1977・5
野菊の墓 (土曜ワイド劇場)	テレビ朝日	1977・7
美しい橋 (東芝日曜劇場)	TBS	1977・10
赤い絆	TBS	1977・12〜1978・6
風が燃えた	TBS	1978・3
人はそれをスキャンダルという	TBS	1978・11〜1979・4
北国から来た女	フジテレビ	1979・4
もうさみしくなんかないぞ (土曜ナナハン学園危機一髪)	フジテレビ	1980・5
さらわれたスーパースター (花王名人劇場)	フジテレビ	1980・10
赤い死線	TBS	1980・11

【映画】タイトル	公開年	監督
としごろ	1973・4	市村泰一
伊豆の踊子	1974・12	西河克己
潮騒	1975・4	西河克己
花の高２トリオ　初恋時代	1975・8	森永健次郎
絶唱	1975・12	西河克己
エデンの海	1976・4	西河克己
風立ちぬ	1976・7	若杉光夫
春琴抄	1976・12	西河克己
泥だらけの純情	1977・7	富本壮吉
昌子・淳子・百恵　涙の卒業式〜出発〜	1977・11	根本順吉
霧の旗	1977・12	西河克己
ふりむけば愛	1978・7	大林宣彦
炎の舞	1978・12	河崎義祐
ホワイト・ラブ	1979・8	小谷承靖
天使を誘惑	1979・12	藤田敏八
古都	1980・12	市川崑

う人は、まさに私が求めていた人だったように思います。

彼女が笑うと、暗闇のなかにパッとマッチで火をつけたような、あの瞬間の輝きにも似た、人の心をつかむ印象がありました。

普段の表情は地味で、ちょっと暗いように見えるけれども、あるときニコッと笑うと、ものすごく輝いて見える。その表情が心に焼き付けられる。この人は暗い人なんかじゃないんだな、と分かって、内面にも魅かれました。かつて、寺山修司さんは私によく教えてくれました。

「表情」を持っている歌手はそう多くありません。

「酒井さん、アイドルは〝つくりもの〟じゃダメだよ。生の人間を出さないと……」

まさにその通りなのだと思いますね。


ホリプロに所属が決まり、1973年5月に歌手デビューした山口百恵だったが、デビューシングル「としごろ」はオリコン最高位でも37位と惨敗に終わる。

だが、それが「百恵伝説」の幕開けに相応しいエピソードになることを、酒井氏はこのときから予感していたという。

デビュー曲惨敗と復活「性典路線」誕生の経緯

不思議なもので、大成する歌手は、たいていデビュー曲で転ぶんです。逆に最初にミリオンセラーというのはその後が危ない。どこかで気持ちが緩むんですね。山口百恵の場合、もともと歌唱力については安心できない部分があったし、こういったスタートはあり得ると思っていました。

デビュー曲の「としごろ」でも、私は何か彼女なりの主張を入れてあげたいと思い、サブタイトルに「人にめざめる14歳」というコピーを打ったんです。これは私のこだわりでした。

ところが、それを見たファンが「人にめざめるって……何ですかこれは？」って言うわけですよ。売れないうえにまったく理解されないし、あのときはショックでしたね……彼女に重荷を背負わせてしまったようで……。

だから私も腹を決めました。

「よし、こうなったらもっとストレートに、過激なもので行こう」

そう決心したんです。

彼女には「石鹸」のような清潔さがありました。どんなに過激な歌であったとしても、彼女の持つ清潔感がそれを融和してくれる。桜田淳子さんが正統派の「明星」「平凡」なら、山口百恵は「プレイボーイ」「平凡パンチ」で行こう――そう決めて、デビュー2作目で過激路線の「青い果実」をリリースするわけです。

彼女はその路線を黙って受け入れた。心の片隅には「こんな歌なんて……」という気持ちがあったと思います。しかし、これは仕事であり、戦争であると。壁を乗り越えるんだというプロ意識が彼女を後押ししてくれました。

「青い果実」は確かに売れました。狙い通りヒットしました。しかし、その反動も大きくてレコード会社には全国の母親たちから苦情が殺到ですよ。

「こんな歌を14歳に歌わせてどういうつもりなんですか」とラジオ局に何度も呼

び出されました。

しかし粘り強く「これはメッセージなんだ」ということを説明し続けた結果、〝性典路線〟も軌道に乗りまして、山口百恵は独自のスター路線を歩むことになるのです。

文化人に高く評価された

当時のアイドルに求められていたもの――それは人間の精神的陰影であり立体感であったように思います。

私は山口百恵の前に南沙織という歌手をプロデュースしましたが、実は彼女を売り出す際も、その「時代のニーズ」については強く意識していました。

私が当時意識していたのは「成長の記録」でした。何かを演じ続けるアイドルではなく、本人の内面的な成長を作品として見せる、リアリティを盛り込んでいこうと考えた。山口百恵はそうした期待に呼応してくれるアーティストでした。

あれはずいぶん後になってからの話ですが、彼女はコンサートでさんざん歌ったあとのトークで「お米の研ぎ方」なんて話をするんですよ。普通ならちょっと不自然な感じがするんだけれども、彼女が言うとそれが日常的な魅力になるんですね。そうした魅力を当時、多くの文化人たちが評価してくれました。

山口百恵は自分自身で「伝えたい」という気持ちを持っていると同時に、それをどう伝えれば良いか、日々考え抜く努力家でもありました。

デビューから7枚目のシングルとなる「冬の色」。

1974年12月にリリースされたこのバラード作品は、山口百恵自身初となる「オリコン1位」を獲得する。15歳11カ月での1位獲得は女性ソロ最年少の記録

だった。

3通りの歌い方を用意してきた百恵

「冬の色」の2作品前の「ひと夏の経験」あたりから、彼女は明確に変わってきた。表情にも自信が出てきましたし、自分自身でより深く考えるようになってきました。

「冬の色」は、心の内面を掘り下げた歌です。

山口百恵はこの歌を仕上げるにあたって、Aバージョン、Bバージョン、Cバージョンと異なる3種類の歌い方を自分で考えてきました。

われわれがミキシングルームにいて「それではお願いします」と指示を出す。彼女はテイク1でAバージョン、テイク2でBバージョンといったように少しずつ違う歌い方を披露していった。

「いったい、どれを選んでくれるんですか」

幸せな結婚生活は少女時代からの憧れだった

私たちはあのとき、試されていました。彼女は言葉でそう言わないけれども、心でそう言っているのがヒシヒシと伝わってきた。

彼女の「目覚め」を感じさせられたこの曲は、セールス面でも一番売れました。

私は歌手として、というよりも女優としての成長を感じましたね。表情が違っていた。凄みがありました。

その後、山口百恵は宇崎竜童さん、阿木燿子さんと出会い、自身の出身地にちなんだ「横須賀ストーリー」、これも非常にうまく歌いましたよね。

時を同じくして、彼女は谷村新司さんに

もさまざまな薫陶を受け、陰に陽に影響を受けるようになった。もともと頭の回転が速く、何事も吸収できる年頃でしたから、彼女の成長は著しいものがありました。

当時、私の目から見ていて、山口百恵に「老成」を感じることさえありました。表現がうまくなりすぎたというのか、10代の少女でありながら、ふと腕を組む仕草など、同年齢の女の子には見えない瞬間がありました。

21歳で引退した山口百恵の芸能生活はわずか8年ほどに過ぎないのですが、もっと長い時間をともに過ごしていたように感じる理由は、彼女の驚異的な「成長」にあったのかもしれません。

彼女が20歳になるのに合わせ、「曼珠沙華（マンジューシャカ）」というアルバムを作りました。

山口百恵に「阿修羅像」のイメージが重なっていることを感じていた私は、仏教の用語に何か彼女のイメージを言い表す言葉があるのではないかと思い、書店に飛び込みました。

そして、分厚い仏教の辞典を立ち読みしていて見つけた言葉が、この「曼珠沙華」でした。「天界に咲く白い花」という意味です。彼女はまさにそのイメージを見事に体現しました。

あまりにもその歌が素晴らしかったので、山口百恵のマネージャーであった小田信吾さん（後にホリプロ社長、故人）と一緒に、広島のほうまでステージを見に行ったこともありました。彼女は「なんでここまで来ているんだろう」と不審な様子でしたけどね（笑）。

当時は強行軍で、レコーディングが夜の10時くらいから始まることが多かった。それでも移動の車の中でデモテープを聞いて、必死になって曲を歌う。でもスタジオに入るときには、そんな素振りはまったく見せないんですね。

「曼珠沙華」のときはマンジューシャカの顔で来る。「プレイバック」のときはそれっぽい少し突っ張った顔になる。その頃はすでに完成されたアーティストでした。

ホリプロの小田信吾氏は、山口百恵の唯一無二のマネージャーとして信頼され

た人物だった。

仕事には厳しく、それでいて人情に満ちた小田氏は、山口百恵にとって苦楽を共有する仲間であり、父のような存在であったと言われる。

その信頼関係は絶対的で、引退する数年前からは山口百恵の「独立話」が何度となく持ち上がった。

後に山口百恵はベストセラーとなった自伝『蒼い時』のなかで、ホリプロ社長であった堀威夫氏について「意見や仕事に対する考え方の違いで、正面衝突したことも多かった」と告白している。

「小田氏と山口百恵はセットで独立」――しかし結果的にそのシナリオは幻となり、山口百恵は三浦友和との結婚を発表。

小田氏は百恵引退後の１９８４年、ホリプロ社長に就任する。

百恵にとっての芸能界は「高校」と「大学」時代

山口百恵はなぜきっぱりと引退したのか、という点について、小田さんとの独立話が実現しなかったからというのは、理由のひとつとして間違っていないと思います。

ただ、結果的にそれは彼女を幸せにした。そのまま計画が強行されていれば、必ず大きなトラブルになっていたと思います。

彼女は独立を望んでいた。

しかし小田さんが最終的に独立を回避した。彼女の心のなかにはどこかで不満があったかも分かりませんね。でも、いまでも2人の信頼関係は続いているはずです。

小田さんは抜群に仕事ができる人でしたからね。激務のなかで、まれに体調を崩すこともある。そういうとき、山口百恵のなかの「母性」が目覚めることがあるんです。満身創痍でも、いつも自分を支え続けてくれる小田さんに対して、絶対の信頼感が芽生える。彼女はホリプロではなく、小田さんのことを信頼するようになった。

私は彼女が「結婚」を宣言したとき、個人的にはほっとしたんです。初めて山口百恵を見たとき、「この子は普通に結婚して幸せになるタイプではなく、仕事に生きるしかない」という確信があったんです。薄幸に見えたんですね。でもそれが彼女の魅力でもありました。

ですから、三浦友和さんとの婚約は、私の見立てを良い意味で裏切ってくれたと思ったわけです。

私が彼女の結婚を聞いて喜んだのを見て、周囲の人間はこう言いました。

「酒井さん、ドル箱の山口百恵が結婚して引退するのになぜ嬉しい気持ちになれるんですか？」

でもそのとき、私はもう彼女とは家族の一員のような関係だったんですね。デビュー曲がうまくいかなくて、苦労しただけに思い入れも強かった。それは小田さんも同じだったと思います。

もし彼女が引退せずに、女優として活動を続けていたならば、本当に日本を代表する大スターになっていたと思います。

彼女は引退時にあれだけの表現力を持っていたわけですが、映画ではリメイク作品がほとんどで、後世に残るオリジナルの代表作がないんです。現役時代、忙しすぎてオリジナル作品に挑戦するスケジュールが取れないまま終わってしまった。それは私の個人的な「心残り」ですね。

彼女は「中3トリオ」として芸能界にデビューして、ちょうど高校、大学に当たるものが芸能界だったと思うんです。

あのような形で芸能界を引退したことについて、いまの彼女にはまったく、後悔はないでしょう。

しかし、引退した当時に心残りがまったくなかったかと言えば、そうとは言い切れないと思います。

彼女には身を削るような少女時代というものがあって、幸せな家庭願望もあった。表現活動への心残りはあったとしても、少女時代の願望というものは、それを上回るものだったと思います。

彼女にとって、８年間の芸能活動は非常に濃密でハードなものであったけれども、それは決して苦しいものではなく、普通の女性が高校、大学時代を振り返ったときに感じるような、夢中で駆け抜けた楽しい時代だったと私は信じています。そうでなければ、大事な２人の息子さんを芸能界に送り出すことはできないはずですからね。

私は、山口百恵の「伝説」を守り続ける彼女に敬意を表し、同じ時代に仕事ができたことに感謝したい。その気持ちでいっぱいです。

昭和美女図鑑3

不良からセンセイへ

三原じゅんこ
（みはら・じゅんこ　1964－）

1979年の「3年B組金八先生」出演で注目され、その後歌手、女優、カーレーサーとマルチに活躍。2008年の闘病経験を機に政治への関心を深め、2010年の参院選に出馬、初当選を果たした。

ワイド特集3

「事件の主役」となった選手たちの知られざるドラマ

「スポーツヒーロー」たちの栄光とスキャンダル

華やかなスポットライトの当たるステージで、ファンを魅了したスポーツ選手たち。だが、彼らの孤独な心の内側を理解する者は少ない。誰もが知っているヒーローたちの栄光とスキャンダルのストーリー。

(2016〜2017掲載)

長嶋監督「解任事件」ミステリー　自宅電話「盗聴疑惑」の謎

①長嶋茂雄（プロ野球）

戦後スポーツ界最大のスーパースターである長嶋茂雄。グラウンドでは天衣無縫にふるまい、常に光り輝いていたように見えるミスターにも、人知れぬ苦悩と挫折はあった。

そのひとつが、1980（昭和55）年オフの「監督解任事件」である。

ペナントレースで3位に終わった長嶋（当時は「長島」表記）は、監督続投に意欲を燃やしていた。しかし、読売上層部と人事に影響力を持つ川上哲治によって却下され、後任は藤田元司になったというのが「定説」となっている。

この一件で、いまも謎とされる報道があった。解任決定の夜になされた長嶋と関係者による電話の生々しい内容が、『週刊新潮』に抜かれたのである。それはまるで長嶋のそばにいた記者が書いているかのような、具体的なものだった。

「電話は読売によって盗聴されていた。そうでなければこんな記事はありえない」

長嶋を疑心暗鬼にさせたと言われるその「事件」を振り返ってみる。

1980（昭和55）年のセ・リーグにおいて、巨人は苦戦していた。

前年は江川の「空白の1日」事件の余波もあって5位。この年もシーズン前から青田昇コーチの「黒い交際疑惑」など不祥事が重なり、優勝を逃せば3年連続のV逸。常勝が義務付けられた巨人にとって、それは許されないことだった。

川上派とされた読売新聞社の務台光雄社長は、優勝が絶望的になった10月、長嶋解任の方針を決定する。

しかし、それを知ったミスター信者の正力亨オーナーは、長嶋に対し「3位Aクラスなら何とか……」と希望をつなげる玉虫色のメッセージを送ったのである。

長嶋はそこから目標をAクラス、開幕権確保に切り替え、10月20日の最終広島戦に何とか勝利し3位を確保、続投を確定させたかに見えた。

意気揚々と広島から羽田へ戻った長嶋だったが、そこで待っていたのはミスターの影武者とも言われた報知新聞（現・スポーツ報知）の古藤了三記者だった。

古藤記者は、長嶋に短く耳打ちした。

「いろいろ聞いてみると、どうも情勢は悪いようだ」

長嶋の頭に血が上った。

「なぜだ。オーナーの言ってたことは何だったんだ！」

田園調布の自宅に戻った長嶋は、古藤記者や後見人的存在だったK社長などに電話をかけ、解任回避の可能性を探り始める。

〈……うん、問題はアレでね、ぼくの退団が決定した場合、王との問題はどうしましょうか。ぼくがやれば王もやるし、ぼくがユニフォームを脱げば王も脱ぎます。ぼくと王との約束で、その件は何事もね……うん……でも、王はいいけどぼくは未練があるんですよ。せっかく若手が育ってきたのに、何のためにいままでやってきたのか。今日だって、意地でも3位にだけはなってやると思ってやったんですよ〉

〈新聞が怖いですよ。報知はともかく、今日もスポニチとかデイリーから電話がかかってきましてね。王のところにも、スポニチあたりが来てました。いまごろ代表あたりにベターッと付いているんじゃないかな。〝長嶋、辞意表明〟ぐらいかな。ぼくはまだ辞意表明してませんからね。今日の動きからいったら、そういう可能性はあるけど……。いっそ報知あたりに言って〝ON同時退団〟ってやってもらいましょうか。非難が巻き起こるでしょうね。これ、もう最悪よ……〉

監督辞任記者会見で頭を下げた長嶋茂雄

翌21日朝、『長嶋解任』のスクープを打ったのはスポニチだった。

その内容どおりこの日午後5時、長嶋は300人の報道陣が待ち受ける記者会見場で頭を下げ、監督辞任を表明したのだった。

しかしその2日後、『週刊新潮』が「巨人軍長島クビの大脚本」なる記事を掲載する。そこには、長嶋が電話で語ったとされる怨嗟の声がそのまま掲載されていた。

「あれは盗聴ではなく、偶然の産物でした」

と語るのは、すでに新潮社を退職した元『週刊新潮』編集部員である。

「長嶋宅には限られた関係者しか知らない末尾が〝03〟の秘密の番号があって、我々はそれを知っていた。若手記者がダメもとでそこにかけたところ、混線による輻輳(ふくそう)現象が起きており、長嶋と報知新聞記者の会話が筒抜けになっていたのです」

輻輳はかつてのアナログ電話で見られた現象で、ある回線に多くの着呼(呼び出し)が殺到したときに起きる。『週刊新潮』はたまたまその会話をキャッチしたというわけだ。

「ウチは当時、野球評論家の有本義明さんにコメントを求めることが多かったが、有さんは当時スポニチの専属解説者でもあった。ウチが長嶋の会話の内容について有さんに確認したところ確か〝スポニチにも聞いてみる〟という話になったので、あのときスポニチは長嶋解任の確証をつかむことができたのだと思います」（同）

誰も想像できなかった手品の種明かし――事実は小説よりも奇なりとはよく言ったものである。

「輪転機」を止めにかかった北の湖「結婚スクープ」秘話

2 北の湖（大相撲）

昭和の名横綱として知られ、相撲協会理事長をつとめていた北の湖親方が2015（平成27）年11月20日、直腸がんによる多臓器不全で急死した。62歳の若さだった。

その憎らしいほどの強さから「江川ピーマン北の湖」（子どもが嫌いなもの）などと言われた北の湖親方であったが、優勝24回は歴代5位、日本人横綱としては大鵬、千代の富士に次ぐ3位の記録。角界に大きな足跡を残した大横綱であった。

「口数は少ないタイプだったが、理事長としての責任感は強かった。がんと闘いながら、亡くなる前日まで福岡国際センターに顔を出していた。ただ、場所中は歩くのもままならない状態で、相当無理していたことは明らかでしたね」（大相撲記者）

訃報に際し、とみ子夫人は次のようなコメントを弟子に代読させた。〈親方は結婚した時から私が表に出ることを嫌がっていました。最後まで親方の言いつけを守り、北の湖部屋が終わるまで、その言葉を貫きたいと思います〉

現役時代の北の湖を知る、元『日刊スポーツ』記者の工藤隆一氏が語る。

「私たち相撲記者は、情報を取るのに部屋のおかみさんから話を聞くというのはよくあることでしたが、北の湖部屋ではそうしたことはまったくできなかったですね。大関貴ノ花夫人の憲子（現・紀子）さんが1聞けば10答えてくれたのとは対照的でした」

工藤氏は1978（昭和53）年1月22日の紙面で他紙に先駆け北の湖の婚約をスクープした。

「23歳の石川とみ子さん」

会見する横綱・北の湖と夫人のとみ子さん（1978年）

「明るく近代的な美人」

「詩吟とフォークソングが趣味」

婚約者の卒業アルバムの写真を入手し1面中央にデカデカと掲載。

「ただ、そのことで私は当時最強横綱の名を欲しいままにしていた北の湖にしばらくの間、取材拒否を食らうことになりました」（工藤氏）

この記事が世に出る前夜の1月21日、午後11時を回った時点で北の湖の後援者サイドから『日刊スポーツ』編集局に電話が入った。

「話がある。いますぐ北の湖のいるホテルに来てほしい」

工藤氏はデスクとともにホテルへ向かった。

北の湖は後援者と一緒に、工藤氏をいまや遅しと待ち構えていた。

「あれは困る。記事を止めてくれ」

「もう輪転機が回っています。申し訳ないが無理です」

「こちらの事情もある。何とかしてくれ」

「いまの時間からは本当に無理です」

30分ほど押し問答が続いたが、日付が変わったころ、後援会関係者は観念したようにこう言い捨てた。

「この記事で北の湖に不利があった場合、それなりのケジメをつけてもらうことになるからな！」

工藤氏が語る。

「当時、北の湖と師匠の三保ヶ関親方（元大関・増位山）がしっくりいっていないことは相撲記者であればみな知っていたことでした。それまで弱小だった三保ヶ関部屋は、北の湖のおかげで部屋を立て直すなど裕福になった。当時三保ヶ関部屋は所属力士の個人後援会を認めていなかったため、北の湖のタニマチからのご祝儀の多くは親方のもとへ入っていたのです。北の湖にとってはそうした不満もあったし、師匠が自分の娘さんと一緒にさせたがっているという噂もあったので、師匠に婚約者との交際を知らせていなかった。

しかし、ここで師匠が知る前に新聞が〝婚約〟などと報道すれば、三保ヶ関親方が激怒することは必至で、さらに関係が悪化するばかりか最悪、相撲が取れなくなることを心配したのでしょう」（工藤氏）

その後、取材拒否を食らった工藤氏だが、それも1年ほどでなし崩し的に解除。しかし、その後正式な結婚記者会見以降、北の湖の妻が表に出ることは一切なかった。

「試合内容」より注目された「猪木VSアリ」緊迫の舞台裏

3 アントニオ猪木(プロレス)

アントニオ猪木(2022〔令和4〕年没)のレスラー人生において、世間の耳目を集めたという意味で最大の試合といえば1976(昭和51)年6月26日に行われたモハメド・アリ戦だろう。

「キング・オブ・スポーツ」として認知されていたボクシングの世界ヘビー級チャンピオンに、世界的に見れば一介のプロレスラーに過ぎなかった猪木が挑戦状を叩きつけるというこの構図は戦前から大きな話題を振りまいたが、いざフタを開けてみれば猪木はすべてのラウンドを寝たまま戦い、ひたすらアリの足にキックを打ち込む戦法に終始。

とうてい期待されたような熱戦にならず、試合翌日のメディアは「世紀の凡

「世紀の凡戦」の裏に死力を尽くした攻防戦があった

戦」と書き立てた。

「この試合が日本国内で再評価されるようになったのは90年代に入ってからです」

とプロレス記者が語る。

「プロレスとは一戦を画す格闘技というジャンルが日本に根付いてきた頃、この試合の実現に深く関わった元新日本プロレス営業本部長の新間寿氏らが当時の経緯について証言したのです」

その結果、「凡戦」になった理由は2つに絞り込まれたという。

「まずひとつは、この試合が当初アリが要求したようなエキシビジョンマッチではなく、結果的にリアルファイトになってしまったことです。そして2つ目は、真剣勝負になることが避けられないと分かったアリ側が試合直前にさまざまなルール変更を要求し、猪木が関節技や打撃技を繰り出せないように縛ろうとしたこと。猪木は〝それが受け入れられないなら、アリはケガをして帰国することになる〟と脅されたため、あのスタイルでしか戦えなかった。その2点を理解すれば、コアなファンの間においてあの試合は評価できるという解釈が生まれてきたのです」(同)

プロレスが、純粋なスポーツとは異なる「ショー」であることは周知の事実だが、アリは当初、猪木サイドに「プロレス(=あらかじめ結果は引き分けと決めた試合)」を持ちかけていた。

「それはアリの肉声テープとしても残されており、証拠もある。しかし、猪木の所属する新日本プロレス側は日本円にして10億円以上とも言われた法外なファイトマネーを払う以上、アリに勝つという名誉を取りにいかなければ納得できない。そこで交渉がもつれ出したのです」(同)

大挙来日したアリ陣営はやりたい放題。ボディガードは平然と拳銃を所持し、試合が近づくにつれ、アリの身に何かがあれば、〝爆発〟が起きるのは避けられない不穏なムードが漂っていた。

「結局、あの試合は3人のジャッジにより引き分けに終わるわけですが、大きな力が働いて引き分けになったのではないかという疑念はいまもって残っています。どちらが勝っても、タダでは済まなかったことは明白でしたからね」（同）

この試合についての「真相」がいまも分からない部分が多い理由には、当事者である猪木や前出の新間寿氏が、時節によって証言を変遷させている点があげられる。

「たとえば、猪木は〝アリのグローブのなかに石膏が入っていたようで、かすっただけでタンコブができた〟などと発言していますが、そんなことをしたらボクサーは拳を痛めてしまうため、いまではあり得ない話として否定されています。また、新間氏も一時期猪木との関係が悪化していた時期には〝これまで猪木をかばってきたが実は〜〟といった言説を展開しており、それ以前の発言内容の信憑性そのものが揺らいでいる。もっとも、あの試合がいわゆるガチンコ（真剣勝負）であった

ことは、映像を見てもほぼ間違いないと言えるのではないでしょうか」(同)

試合後、猪木とアリは和解し、1998(平成10)年の猪木の引退試合にはアリが駆けつけるなど友情を深めている。しかし「世紀の凡戦」の謎はすべて晴れたとは言い切れないのである。

「世界の王」を直撃した「バース敬遠指令疑惑」

④ 王 貞治(プロ野球)

日本球界を約半世紀にわたって支配した「55本体制」。2013年、バレンティン(ヤクルト)によってシーズン最多本塁打記録は破られたが、過去、その記録に迫り破らんとした3人の外国人に対し、当時監督だった王貞治はどのような「指示」を出したのか。国民栄誉賞監督の深層心理と「王タブー」の本質を抉る。

「記録の王」の代名詞シーズン55本の偉業

世に喧伝される「人格者・王貞治」伝説を知らぬ野球ファンはいない。「ぼくはラーメン屋のせがれ」と気さくに話し、「長嶋さんはこんな店こないかな」と赤ちょうちんに出入りする庶民派エピソードでさえ、「偉大な王」の反語表現として使われるのがたいていである。

通算868号。シーズン55号。7試合連続本塁打。王のこれらの偉業は、プロ野球打撃部門において文句なく最大最高の勲章と言える。

ファンはいつしか「記録の王」「記憶の長嶋」とONを評するようになった。そこには「記憶」を「記録」の上位概念に置くニュアンスも含まれているが、別の言い方をすれば、記録面では王にとうていかなわない長嶋への、ファンからの「贈り物」の言葉であったとも言える。

この、国民栄誉賞の名に恥じないホームラン記録の金字塔。だがそこに、ささやかではあるが、消えない「傷」があることは、熱心な野球ファンの間でよく知られている。

1985年、バースに「55号」まであと1本というところまで迫られた王監督（当時）

1985年、王が巨人監督時代に起きた「バース敬遠指令疑惑」がそれである。

「サダハル・オーのシーズン55号を抜くことは、日本野球界のタブーのようだった」

後にバースがこう告白した敬遠騒動の核心は「その指令を出していたのでは他ならぬ王監督自身ではなかったか」という疑惑だ。


球界の象徴であり、努力とフェアなスポーツマンシップを誰よりも尊重しているはずの王監督が、実は自己の記録に固執する、姑息な人物だとしたら……。

当時、この疑念を何とか心に封印した巨人ファンは、21世紀、またもその再現を見る。ダイエー・王監督時代、2001年、2002年の「ローズ、カブレラ敬遠指令疑惑」がそれである。

唯一勝負にいった江川「王さんからは何もない」

最初の「疑惑」を振り返ってみる。

1985年、圧倒的な打線の破壊力で21年ぶりにリーグ優勝を決めた阪神。主力打者のランディ・バースはこの年、三冠王を確定的にしながらも、もうひとつの大目標を視野に入れていた。

王貞治の持つ年間55本の本塁打記録である。

バースはすでに、54本を打っていた。残り2試合は、王貞治監督率いる巨人戦である。

甲子園球場での129試合目、注目の先発は江川。

江川はバースと勝負した。3打席、2打数1安打1四球。しかし、5点を失った江川が降板後の第4打席、バースは橋本敬司に敬遠された。試合は5対2で阪神の勝ち。

後楽園に舞台を移した最終戦は5打席すべて敬遠。3打席目、先発の斎藤雅樹が中途半端に外した球をバースは強振しバットに当てたが、中前安打にとどまった。残りの打席は、大きく外された。試合は阪神が10対2で勝った。

かくして、王の記録は守られた。当時の新聞を見ると、この「敬遠策」の是非については、それほど大きく取り扱われていない。

「結論から言えば、あのとき選手に対し、上層部から何らかの指示はあった。誰もがそう信じていた」

と当時の巨人番記者が振り返る。

「最高機密」だった指令系統のしくみ

王監督が敬遠指示を出したかどうかを各社の記者は取材しなかったのか。

「もちろん、取材しましたよ。しかし、王さんが直接指示した、あるいは圧力をかけた裏が取れなかったんです。また最終戦が終わればもう話題は日本シリーズ。

新聞としてもノリの悪いネタ、タイミングだった。だから紙面にできなかった」

（前出の記者）

その裏取りの作業は具体的にどのようなものだったのか。

「王さんが圧力をかけていたのであれば、それを暴露するのはアンチ王派。すると、まず唯一勝負に出た江川。そして外国人仲間という観点から、クロマティ。キャッチャーの山倉と笹本には、それとなく聞き出し、もちろん王さん本人には試合終了後に聞いています」

それぞれ、およそ次のような内容であったという。

「王さんは『決して敬遠の指示は出していない。投手が投げづらかったんだろう。理想は真っ向勝負だが』と言ったはずです。江川は後に『圧力？　番記者なら分かるだろ！』とオフレコで言いました。ただ、王さんの直接指示については否定しています。堀内さん（投手コーチ）や吉田孝司さん（バッテリーコーチ）はノーコメント」

誰も明確なことは言わなかった。別の記者が振り返る。

「後から思えば、そこでカムストックに聞けば、証言は得られたかも知れなかった。彼は翌年、巨人に解雇された後、『あのとき、ジャイアンツの投手陣はバースにストライクを投げたら1球につき1000ドルの罰金を課すと、コーチから言い渡されていた』と重要証言しているからです。また、当時は沈黙していたクロマティも、王さんがバースに嫉妬していたことは間違いないという持論と状況証拠を、著書の中で触れていますしね。しかし、いずれにしても、これは巨人のトップ機密だった」

仮にカムストックの証言が真実だとすれば、江川はずいぶん罰金を払ったことになる。

「このとき『バースと真っ向勝負したのは江川だけ』という伝説が定着しているのですが、厳密に言うと、江川も露骨に敬遠はしなかったというだけで、ホームランだけは避けようという逃げの投球だったんです。実際、山倉のリードは外角一本やりで、バースに投げたストライクはほんの2、3球。もちろん、明らかな敬遠とは全く意味は違いますけどね」（同）

このときの指令系統は主に3通り考えられる。

①王監督が明確に「敬遠」を指示し、選手もそれを知っているが、誰もそのことを口にできなかった。

②王監督は直接何も言っていないが、コーチ陣が無言の圧力を感じ、選手に「罰金」の指示を出した。しかし江川だけが従わなかった。

③王監督もコーチもはっきりとした敬遠指令は出していないが、チーム全体に敬遠ムードが充満し、万一打たれた場合のピッチャーの事後を心配して、最終的には山倉が敬遠を選択した。江川については、特別に「玉虫色のリード」をした。

一体、真実はどれに近いのか。

複数の記者が①の説を否定する。

「王さんが直接指示、というのはないはず。というのも、王監督の選手操縦術というのは、まさに自分の言いたいことを第三者に代弁させるという手法だったからです。たとえば、江川の野球に取り組む姿勢についての不満を、それとなくコーチや番記者に囁いて、本人の耳に入るようにする。こういう性格の人が、自分

2001年には56号の「新記録」がかかったローズを敬遠

で敬遠を指示することは考えにくいですね」

しかし、②や③であれば、ジャイアンツにおける「見えざる王タブー」があったということになる。

「正直なところ②に近い③でしょう。この年、優勝を逃したとはいえ長期政権になる王監督のもと、誰だって監督から余計な反感を買いたくない。また最終戦はホームの後楽園で、甲子園ほど〝敬遠しにくい〟状態ではなかったですし」

このとき、読売のライバルである朝日新聞は「王監督がマウンドへ行き、勝負しろと指示を出すべきではなかったのか」という趣旨のコラムを運動面に掲載している。

「しかし、もしそれをやったら王監督の求心力はガタガタになっていたでしょう。それなら試合前から勝負を厳命するべきで、さんざん無言の圧力をかけておきながら、土壇場ではしごを外し、〝ええかっこ〟をされたのでは、選手もたまらない」

この事件の唯一にして最大の意味は、勝負を避けたという事実と、王監督はその「結果責任」から逃げられないということだった。

翌年（1986年）6月に、バースは王の持つ7試合連続本塁打の記録に並んでいる。投手はまたしても江川。

勝負を避けない江川に、あの甲子園球場が低くどよめいたのは、球界を揺るがせた「空白の1日事件」を知るプロ野球ファンにとっても興味深いできごとであった。

江川は後にこう振り返っている。

「確かに、バースの連続ホームラン日本タイ記録が達成されるかどうかが、次の巨人―阪神戦で決まるということがはっきりしてから、巨人内部に、王監督の記録にバースを並ばせてはならない、記録を達成させるくらいなら全打席歩かせろ、といったような空気が漂っていたことは事実だった。しかし、登板予定の僕に、王監督からバースを歩かせろなどという指示は決して出なかったし、そんなことを言う人ではない。僕は迷わずバースとの勝負に出た。また逆に、もし監督から歩かせろと指示が出ていたとしたら、迷うことなく全打席敬遠で通したはずだ」
(『たかが江川　されど江川』より)

王監督はこのとき「あそこは打ったほうが上」と短いコメントを残している。

繰り返された「敬遠騒動」王監督をかばったコーチ

時は流れ2001年。いまだ記憶に新しい「ローズ敬遠事件」が起きる。

この年、来日6年目のタフィ・ローズ（近鉄）はすでにシーズン55号の日本記録に並んでいた。近鉄は優勝を決め、残り3試合に「56号」の期待がかかっていた局面である。

55号を達成したローズに、あのバースが手記を寄せている。

「でも、時代は変わった。僕が米国へ戻った後、野茂やイチローらが次々と米国へ来て、大リーグで活躍している。日米の選手が海を越えた国でタイトルを争っている現状は、とても面白い。

イチローに記録を作らせないために、敬遠ばかりする大リーグの投手はいないはずだ。勝負してこそ、野球。日本の人たちも、今は分かっていると思う。だから、外国人である君も堂々と勝負してもらえた。その点ではタフィ、君のことが少々うらやましい」（『朝日新聞』2001年9月26日）

だが、バースのこの見立ては少々甘かった。日本は変わっていなかったのである。

9月30日、王監督率いるダイエー戦。1番に起用されたローズに対し、いきなりキャッチャーが立った。先発・田之上が、山なりの投球動作を4回繰り返す。激しいブーイングが起こった。結局、ローズは全打席、勝負を避けられた。

問題は試合後だった。殺到した報道陣に対する若菜コーチの「逆ギレ」発言である。

「うちの監督は記録で残る人。それを守ってやらないと。おれたちにできるのは、それしかないんだ。監督は勝負しろというが、監督と同じユニフォームを着ているんだ。そこで反発しても、あの人の下で働いているものとして許されるだろう」

だが、これは大いなる「時代錯誤」であった。番記者が振り返る。

「このとき、若菜コーチはあえて大げさに忠義心を見せることで、コーチ職延命を図っていたフシがあります。王監督と若菜コーチの接点はあまりなく、当時、達川バッテリーコーチが高橋慶彦コーチとの確執でチームを辞めるなどして、幸運に入団したいきさつがある。いつクビになってもおかしくない状態だったわけです」

結果としてこの発言がコミッショナー問題に発展。皮肉にも、若菜コーチはやっぱりクビになってしまうのだが、このときも王監督のコメントは「指示はしていない」であった。

その翌年（2002年）、西武・カブレラにも同様の騒動が巻き起こった。10月5日、カブレラの56号がかかった試合でダイエー投手陣は実質的に勝負を避けた。

「それまで、キチンと勝負していた試合もあったのですが、このことですべてかき消されてしまいました。この期に及んで勝負を避けるというのは、おそらく王監督より選手側の問題だったのでしょう」（前出の記者）

この年8月、まだ記録にリーチをかけていない段階のカブレラを敬遠した際の王監督はこう話している。

「私の指示だよ。2試合で3発打たれてもっと打たれてくださいというのか。こっちは勝負やってんだ。草野球やってんじゃない。当然じゃないか」

初めて、王監督自身が「敬遠指令」を認めた瞬間だった。

王貞治の「55号」を「55本体制」と呼んだ人がいる。言うまでもなく、日本の戦後政治「55年体制」になぞらえたものである。

しかし2013年9月15日、バレンティン（ヤクルト）が放った56号（最終記録は60号）により、49年間続いた「55本体制」は崩壊した。呪縛は解け、ひとつの時代が終わった瞬間だった。

「覚醒剤」大量所持で実刑判決　獄中で誓った「再起」とその実現

5 江夏 豊（プロ野球）

球界を震撼（しんかん）させた「番長」こと清原和博の覚醒剤事件。彼は執行猶予付の有罪判決を受けたが、堕（お）ちた「甲子園の星」の変わり果てた姿に衝撃を受けた野球ファンも多かったであろう。

だが、球界スターの「覚醒剤事件」に前例がないわけではない。通算206勝、伝説の「オールスター9連続三振」などの記録を打ち立て、昭和球界の大ヒーローとして知られた江夏豊氏（現・野球評論家、阪神臨時コーチ）もまた、道を踏み外してしまった1人である。

現役引退後の1993年3月2日、江夏（当時44歳）は自宅で覚醒剤を所持していたところ、かねて内偵中だった神奈川県警港北署の刑事に踏み込まれ、現行犯逮捕された。

そこで捜査員が目にしたものは、サイドボードに置かれた覚醒剤の結晶0・8g、覚醒剤水溶液0・5㎖、そして未使用の注射器16本など。さらに、自宅内から52gという大量の覚醒剤粉末が見つかった。

都内に自宅があった江夏が、なぜ神奈川県警に逮捕されたのか。

「実は江夏は、現役時代の1978年ごろから神奈川県警にマークされていた。暴力団幹部から神奈川県警に江夏が薬物に手を出しているという情報があり、県警は当時広島に所属していた江夏が、横浜球場の大洋（現：DeNA）戦で投げる日を狙って内偵を続けていたのです」（週刊誌記者）

しかし、現役大物選手を逮捕するには非常に慎重な捜査が必要だった。このときは売人が警視庁に逮捕されてしまったことで検挙できなかったが、その後も県警は江夏を監視し続けていたのである。

事件では同居女性（当時28歳）も逮捕されたが、何と言っても注目されたのは50g以上という、その所持量の多さだった。

「江夏は自分で売人をやっていたのではないか」

そんな声すら出るほどの大量所持で、江夏は「常習性」と「依存性」を指摘され、初犯としては異例の実刑判決（懲役2年4月）を受けてしまう。

江夏自身は、現役時代からの使用は否定し、逮捕後にこう語っている。

〈覚醒剤をなぜやったかと、何度も訊かれた。

「離婚した淋しさに耐えかねてやった」と、雑誌、新聞、テレビなどで広く伝えられたようだが、最初は興味本位だった。

そして事実を言うならば、いちばんひんぱんに覚醒剤を打ったのは、体が最悪の状態であった去年の春だ。

自分の体が自分で思うようにならない。いつでも百メートルを全力疾走したあとのように呼吸が苦しい。心臓に重い鉛を貼りつけたような毎日を、何かの行為で抜け出したかった〉（『文藝春秋』1993年10月号）

現役時代から一匹狼の天才投手として知られた江夏は、無頼を感じさせる外面とは裏腹に孤独で繊細な内面を持っていた。

西武時代の1984年、「管理野球」を標榜した当時の広岡達朗監督と対立。玄米食を食べていた広岡に「なんでそんなものを食べているのに痛風なのか」と面と向かって言い放ったことがきっかけで干され、その

薬物に手を出した江夏だが、ファンと周囲に支えられ社会復帰を果たしている

まま現役を引退した。

「江夏はまったく酒を飲みませんでした」

というのはベテランのスポーツ紙記者。

「阪神にいた若手時代は飲んでいたのですが、先天的な心臓病があることが分かり、酒を控えるようになった。ストレスを紛らわす手段は、女性に走ることと、パチンコなどの孤独なギャンブルでした。あれだけ名の知れた球界のヒーローでしたから、女性については不自由していなかった。しかし現役を引退して野球というものを取り上げられてから、本当に心が満たされることはなかったのかもしれません」

あの清原和博も、薬物疑惑を週刊誌に暴かれた際、別の週刊誌で「現役の頃であれば、試合で打つことで雑音を封じることができた。バットを取り上げられたいまは、どうしようもない」と涙ながらに告白していたこともある。

江夏は刑務所に服役後、ラジオや雑誌で仕事に復帰。

「幸い、大沢親分や衣笠、江本孟紀といった球界の実力者たちが江夏を擁護し、

復帰への道筋を立ててくれた。一匹狼ではありましたが、そういった意味での人徳があった選手でした」（同）

事件の性質上、指導者としての復帰はしばらくままならなかったが、2015年に阪神が臨時コーチとして江夏をキャンプに招聘。事件以来、約30年ぶりに現場復帰を果たしている。

「ある意味、清原にとってもっともお手本になるケースだと思います。孤独な一匹狼、離婚、繊細な内面と類似する点は多いですしね」（同）

2020年、執行猶予期間を終えた清原。「現場復帰」を果たせる日も近いかもしれない。

球界OBによる初の殺人事件　刑務所内では「ソフトボール」も

⑥小川博（プロ野球）

球史に残る「10・19」と聞けば、本書の読者ならピンと来る方も多いだろう。1988年、近鉄が「2連勝で優勝」との条件下で臨んだシーズン最終日となるロッテとのダブルヘッダー。

この重要な第1試合に先発したのはロッテの小川博。近鉄を5回2死までパーフェクトに抑えるなど好投して近鉄を苦しめている。

小川は1988年、2ケタ10勝をあげ、両リーグ最多となる204奪三振を記録するなど、本人にとって最高のシーズンとなった。

前橋工高時代はエースとして3回甲子園に出場。青山学院大学を経てドラフト2位でロッテに入団という野球エリートだった小川だが、1989年以降はケガに悩まされ、1992年に現役を引退。その後、ロッテのコーチ、フロントとして2002年まで球団に在籍している。

小川を知る記者が語る。

「彼は、現役引退時に前妻と別れ、すぐに新しい女性と再婚した。しかし、現役時代のように収入があるわけでもないのに生活レベルを落とさず、そこに養育費や慰謝料の支払いを迫られた。次第に借金が増え、球団を退職した際には多額の借金しか残っていなかった」

小川はその後、埼玉県の産業廃棄物会社の営業マンとして仕事をするようになる。仕事ぶりは極めて真面目だったが、どうしても金銭面にルーズなところが直らず、2004年ごろからは、闇金融から借金をするようになる。

衝動的な殺人事件を起こした小川博は無期懲役刑が確定

ＯＢの小川が借金に苦しんでいる、という噂は古巣のロッテにも伝わっていた。

小川が「事件」を起こした後、スポーツ新聞はこう報じている。

〈今年夏ごろ、ロッテの２軍施設の浦和グラウンドに姿を見せて選手の控室にふらっと入って、すぐに姿を消したことがあったという。ロッテ関係者は「その直後にロレックスの腕時計や選手のクレジットカードがなくなる事件があって選手は被害届を出していた。小川容疑者がやったのではないかとうわさになっていた」と衝撃的な証言をした〉（『デイリースポーツ』２００４年12月22日）

悲劇は２００４年11月18日に起きた。

借金を返すためにギャンブルに手を出し、さらに借金を増やす。何が何でも返済の利息分数万円が必要になった日、小川は会社の事務所に出入りしていた家政婦老女に、土下座して借金を申し入れる。そのとき、社員や社長は不在だった。

だが小川のせっぱ詰まった態度に恐怖を感じた老女はこの頼みを断った。

小川は老女を突き倒し、事務所2階にあった175万円を奪ったすえ、意識を失って倒れていた老女を旧荒川に遺棄した。

計画性も何もない犯罪であったが、裁判では「無期懲役」判決が確定。殺人に強盗が付いたことが刑期を重くさせた。千葉刑務所に服役した小川は、所内のソフトボール大会に登場し、受刑者の興味を集めたことがあったという。

しかし、もともと軽量だった小川の体重は60キロ程度にまで落ちており、かつてプロの世界で奪三振王を取った面影はどこにもなかった。

「地獄」に落ちた〝ドラ1〟エース「贖罪」と「更生」の四半世紀

7 中山裕章（プロ野球）

1985年のドラフト会議に、あの「KKコンビ」が登場した年でもある。

巨人入りを切望していた清原だったが、巨人の1位指名は早大進学を表明していた桑田。この劇的なドラフトで、大洋（現・ＤｅＮＡ）は競合する清原を回避して高知商の中山裕章を1位指名し一本釣りする。

「当時はＫＫの陰に隠れてはいましたが、普通の年であればドラフトの目玉になる逸材と言われ、実際、清原も甲子園で対戦した投手のなかで手強かったのは高知商の中山だったと後に語っています」（全国紙運動部記者）

中山は入団1年目から1軍に定着。3年目には、弱小球団だったホエールズで10勝をあげるなど、若きエースとしてその才能を開花させた。

球界を震撼させる事件が起きたのは、１９９１年のクリスマス、12月25日のことだった。

「中山はこの日朝から警察に任意同行を求められており、少女に対するわいせつ行為について追及されていた。そしてついに、11月に少女のスカートの上から体を触ったり、服を脱がしたりするなどの行為を認めたため、夕方に逮捕されたのです。このニュースはテレビの〝号外速報〟でも流されました」（スポーツ紙記者）

球団エースが、まさかのわいせつ事件。

中山はこの年、沖縄で秋季キャンプに参加していたが、ケガでリタイヤ。地元に戻った11月12日、ストレスからか、横浜で幼い少女に対して強制わいせつ、公然わいせつなど3件のいたずら行為に及んでしまったのだった。

1994年に中日で復帰し、野球人として活躍の場を得た中山

その後、被害者とは示談が成立し、いたずらの内容もひどいものではなかったため起訴猶予処分となったが、わいせつ行為ということと、被害者が子どもだったことは、スポーツ選手として致命的だった。大洋はその年限りで中山を解雇している。

「中山は事件のあった年、8勝10

敗でしたが、5位というチーム状態を考えれば決してひどい成績でもなかった。ただ、1990年から監督になった須藤豊氏との確執が噂されていて、中山にはストレスがあったと言われています。須藤氏は高知商出身で中山の大先輩にあたる関係ですが、熱血漢でもあるので、期待の大きさが裏目に出てしまったのかもしれません」（同）

その後、中山は追いかけるメディアを避けるように寺にこもり、その後横浜市内の運送会社に就職する。それまで2630万円の年俸を稼いでいた中山だったが、ここでは手取り15万円だった。

事件を受け、中山には無期限の資格停止処分が下されたが、その後大洋ファンを中心に21万人もの署名が集まり、1年後に資格停止処分は解除されている。

復帰のチャンスがやってきたのは1993年。中山を引き取った運送会社社長のはからいもあって、中山は中日ドラゴンズの球団職員として契約を結ぶ。翌年から1軍で登板するようになったが、条件は契約金なしの推定年俸800万円だった。

中日に8年間在籍した中山氏は、２００２年より台湾球界で2年間プレーし、現役生活を終えている。

事件は決して許されることではなかったが、それによって失ったものは、あまりに大きすぎたという感は否めない。前出の記者が語る。

「その後、中山氏は台湾時代の人脈をいかし輸入業のビジネスを手がけ、軌道に乗っていると聞きます。同期の清原の事件については、ああいった経験をしただけに心を痛めているんじゃないのかな……」

「人生の平均台」から落ちた美人選手　抜け出せない「薬物地獄」の恐怖

8 岡崎聡子（体操）

さかのぼること48年前、１９７６年のモントリオール五輪に出場、「15歳の美人体操選手」として注目されたのが岡崎聡子である。

〝和製コマネチ〟とも称された岡崎には、雑誌の取材が殺到。高校卒業後、短大に進学したものの、退学しタレントに転向。しかし、人気は一過性のものに終わり、人々はいつしか岡崎の名を忘れていった。

「当時、映画『フラッシュダンス』がヒットしたこともあって一時期エアロビクスのインストラクターをやっていました。ときどき雑誌の〝あの人はいま〟といった企画に登場していましたが、タチの悪い男に引っかかり、薬物疑惑などが報じられ、それが最初のスキャンダルとなりました」（週刊誌記者）

1984年、岡崎はファッションデザイナーの男性と結婚し『平凡パンチ』誌上で妊婦ヌードを披露。しかしそれ以降、しばらく消息が伝えられることはなかった。

岡崎の名が久々に報じられたのは1995年のこと。

当時、オウム事件で日本全体に厳戒ムードが漂っていたとき、岡崎は自動車を運転中に職務質問を受け、そこで大麻所持の現行犯で逮捕される。

このとき夫も覚醒剤で逮捕。岡崎は初犯で懲役1年6月、執行猶予3年という相場どおりの判決を受けた。

「しかし、後に分かるのですが彼女は判決の日、つまり執行猶予判決が出た日に覚醒剤を手に入れました。事件の前から駅のコインロッカーに隠していてバレなかったブツで、その日のうちにロッカーへ行き、回収して使用していた。クスリが欲しくてたまらず判決など聞いていなかったのでしょう」（週刊誌記者）

シャバに戻った岡崎はその20日後、また検問に引っかかり、2度目の逮捕。バッグからは覚醒剤と注射器が見つかった。

執行猶予中の有罪判決により、岡崎は合わせて3年の実刑を食らうことになってしまう。そこからの岡崎は、出所→薬物→逮捕と離婚→別の男と結婚→離婚の繰り返しだった。

まず薬物について、出所後の1999年に3回目の逮捕。2005年に4回目。2009年に5回目。そして2013年に6回目。

結婚については、最初のデザイナーと2000年に離婚。同年、服役中の暴力団員と獄中結婚するが、この夫は2年後に病死。

2005年に中国籍の男性と結婚し、その後も離婚して今度は韓国籍男性と同棲した。

まさに、薬物地獄を絵に描いたような展開だが、岡崎は逮捕され拘置中の2009年、雑誌に次のような手記を寄せている。


〈刑務所での「薬物離脱教育」、昔は「薬物教育」と言いましたが、私は毎回必ず受けています。でも役に立っているかは疑問です。女子刑務所のほとんどの受刑者は仮釈放をもらって早く出たいという一心で受けています。仮釈放には「反省の情がある」ことが必要なのです。同じ房で「ねえ、おいら何したの？　何でこんなとこ入れられてるの？　誰も傷つけたわけでもないのに」と話している人が、薬物教育の場では「覚せい剤は人間をボロボロにするし、二度と手を出そうとは思いません」と「反省」を口にして、先生方を満足させている光景を何度も見てきました。

これを言うと驚く人もいますが、薬物については、法律違反といっても具体的にどこがどういう理由でいけないのか考えてみる価値はあると思います。だって心身がボロボロになるというのなら、アルコールでもっとひどいことになった人はいくらでもいます。なぜそれは犯罪とされないのでしょうか。

私は遠くない時期に刑が確定するでしょうし、刑務所に行く覚悟はできています。でも今の刑務所が更生施設といわれるのには疑問を感じます。それこそ「こんなものいらない」ではないかと思うところも多々あります。あの中で、本当に受刑者を更生させようという気持ちがお上にあるのか。疑問です〉（『創』２００9年10月号）

どこか他人事のような記述だが自分自身の意思では薬物をやめることはできない、という叫びのようにも受け取れる。

２０１４年９月に懲役３年６月の有罪判決を受けた岡崎だが、２０１９年４月にも覚醒剤取締法違反で逮捕され実刑判決を受けている。

7年に及んだ「恋の回廊」

皇室メディアが奔走した皇太子「お妃報道」狂騒曲

最後は「海外メディア」がスクープした「雅子妃決定」

昭和から平成にかけ、メディアを踊らせ続けた「皇太子（現・天皇）のお妃候補」報道。有力候補が消えては浮かぶミステリーのような展開に記者たちも翻弄されたが1993年、当初から本命視されていたスーパーレディ、小和田雅子さん（当時29歳。現・皇后）がプリンセスとなった。宮内庁と皇室メディアの「史上最大の攻防戦」をプレイバック（名称は2017年9月掲載時のまま）。

（2017/9掲載）

米紙が記者クラブの「報道協定」を破り「皇太子妃内定」の一報を打つ

1993年1月6日。まだ年明け気分の抜けない日本のマスコミ各社を極度に緊張させる「情報」が駆け巡ったのは、この日18時過ぎのことだった。

「米国のワシントン・ポストが、皇太子妃に小和田雅子さんが選ばれる可能性が強い、と報道するらしい」

各社は色めき立ち、東京・目黒の小和田邸の前に続々と黒塗りのハイヤーが集結した。

「あのとき、新聞協会と民放連加盟各社は〝報道協定〟を結んでいたのです」

と当時取材に携わった全国紙幹部が振り返る。

「80年代の後半から、皇太子のお相手報道が過熱し、90年代に入ると週刊誌を巻き込んだ報道合戦に発展した。その取材攻勢によって、多くの〝お妃候補〟が辞退を宣言する問題が出てきたため、宮内庁がメディアと話し合いを持ち、前年の

1992年2月、皇太子妃報道については抜け駆けなし、という報道協定に従っていた。当時はほぼ小和田さんで本決まりとの感触は持っていたが、報道解禁日が1月19日と予想されていたので、律儀に協定を守っていたわけです」

しかし、記者クラブの外にいる外国メディアに「報道協定」は通用しない。19時44分、ついにロイター通信が「皇太子妃内定」と報じると、日本新聞協会は皇太子妃報道に関する小委員会を緊急開催。日本だけが協定を守っても無意味な状況に突入したことを理由に、協定解除を決定。

足かけ7年以上にわたって続いた「皇太子妃報道戦争」は、〝外圧〟によるなし崩し的な「決定報道」という、奇妙な形でのゴールを迎えたのである。

前出の幹部が語る。

「報道協定があったとはいえ、前年から各社は毎日小和田邸に詰めていました。10月ごろにはポリボックスが設置されたのですが、これはお妃候補であった雅子さんの父が、当時外務事務次官だった関係で『警備のため』という説明だったのですが、記者の間では『いよいよか』との声が上がっていた。実際、当時国会で問題になっていた佐川急便事件に投入された遊軍記者たちが、どんどん皇室担当に送り込まれてきたくらいですからね」

各社が「雅子妃内定」を確信していた1992年10月、兜町に衝撃的ニュースが流れる。

「決定」を受け、多くの報道陣が自宅前に集結

「皇太子と豊田達郎・トヨタ自動車社長の長女、由美子さんの婚約が明日発表される。すでに4大証券のうちの1社がトヨタ株の買占めを指示した——」

明日が大安吉日だったため、このまことしやかな噂は証券マンを飛び上がらせたという。

「ところがこれがまったくのデマ。当局が雅子さんへのマークを緩和するために流した意図的リークだという説まで出て、かえって雅子さんで間違いないと確信を抱きましたね。1993年のお正月も、雅子さんは家族で猪苗代湖にスキーに出かけていたが、これにもこっそりついていった新聞社、通信社があった。しかし最後の最後、やはり協定を踏み破れなかったのはやはり記者クラブの弱いところが出てしまったように思いますね……」

最初から「本命候補」の小和田雅子さんスーパー女性外交官として注目される

晴れてプリンセスとなった雅子妃は、最初から「お妃候補」の本命と言われ続けてきた。ここから先、一般人時代の雅子妃については「雅子さん」の表記になることをお断りしておきたい。

小和田家のルーツは旧村上藩（新潟県）の藩士。

小和田雅子さんの祖父、小和田毅夫氏は新潟県内の高校で校長をつとめた教育家で、息子5人（ほかに2女）はすべて東大を卒業。雅子さんの父である次男の恒氏は外交官で、後に外務事務次官をつとめた。

一方、雅子さんの母・優美子さんはエールフランス極東支配人の元秘書で、父の江頭豊氏は日本興行銀行常務を経てチッソ会長、相談役をつとめた財界の要人だった。

雅子さんは3人姉妹の長女。田園調布雙葉中・高を経て米国に移住（6年間）。ハーバード大に入学後、帰国して東京大学に学士入学。さらに在学中に外交官試験に合格し、スーパーエリート女性として騒がれるようになる。

「非の打ち所のない、絵に描いたようなエリート女性でした」

と当時の雅子さんを取材した週刊誌女性記者が語る。

「学歴もさることながら、家柄や人柄も完璧。英語もフランス語もドイツ語も使いこなし、容姿も端麗。趣味はテニス、スキー、料理、書道とバランス良く、倍率40倍の外交官試験も楽々とパス。親子外交官として騒がれたのが、1986年のことでした」

1985年に英国留学から帰国されていた皇太子の「お妃選び」はすでにこのときから始まっていた。

2人の出会いは1986年10月、元赤坂の東宮御所で開かれた、スペインのエ

外務省時代は要人の通訳として力を発揮

レナ王女を歓迎する「茶会」だった。
「後になって分かることですが、初期の頃から、宮内庁には〝雅子さんというお妃候補がいる〟との情報が外務省関係者から上がっていました。2人を引き合わせたのは、皇太子さまの親友である賀陽正憲氏（旧皇族・賀陽章憲氏の長男）とも言われ、単なるスーパー美人外交官としてではなく、皇太子妃のお妃候補として注目されるのは1987年の暮れからでした」（前出の女性記者）
いきなり浮上したスーパーレディの存在にメディアは「まさしく本

命」と書き立てたが、その報道に水を差したのが、外務省に入省した雅子さんの「イギリス研修留学」だった。

「海外留学は通例、2年以上になる。すると皇太子さまも30歳になってしまうし、当然会う機会も減る。また、民間からのお妃選びを快く思わない勢力が、雅子さんの母方の祖父が〝チッソ〟の経営者だったことを問題視するような情報を流したとも言われ、ここで一気に『小和田雅子本命説』はトーンダウンするのです」

チッソは水俣病を引き起こした会社として、社会的批判を受けた過去があるが、雅子さんの祖父はもともと興銀からチッソに派遣されただけで公害についての責任はない。果たしてそれはどこまで皇族の結婚に際しネックとなるのか。前例がないだけに誰にも分からない状態だった。

「消えた」本命の後に次々候補出現
雅子さんはロンドンで「否定発言」

小和田雅子さんがイギリスに飛び立った後の1989年8月、ひとつの「事件」が起きる。

皇太子の弟宮である礼宮（現・秋篠宮）と、川嶋紀子さんの電撃婚約である。

これによって再び皇太子の「お妃報道」が過熱することになり、留学中の雅子さんにも注目が集まった。

「一時は消えたかとも思われた雅子さんでしたが、川嶋紀子さんの清楚な魅力に太刀打ちできる女性は、やはり雅子さんしかいないのではないか――取材する側にも、そんな感情が入り混じっていたように思います」（前出の女性記者）

そんな喧騒のなか、皇太子は1989年9月にベルギーで開かれる「ユーロパリア日本祭」に出席する。

イギリスに雅子さんが留学しており、そして皇太子はパリでフリーな市内見学をする――これは一大事とばかり同行の記者団は100名を超え、一部の記者たちがオックスフォード大学図書館前で雅子さんを直撃した。

――お妃問題は？

「私には関係ないと思っています」

――宮内庁からのコンタクトは？

「まったくございません」

――パリで皇太子殿下に会う予定は？

「私はずっとオックスフォードにおります。大陸（パリ）に行く予定はございません」

――殿下との交際は？

「そういう質問にはお答えできません。私は外務省の研修生として研修が終わったら帰国し、外務省に戻ります」

ここできっぱりと交際について否定した雅子さんの態度に、「本当に2人の関係は切れたようだ」と判断する記者も多く、実際「別の候補者」にシフトするメディアも少なくなかった。

有力候補とされた3人の女性の経歴
「外資系銀行OL」から「ハープ演者まで」

当時、「お妃候補」として名前の上がった女性たちはゆうに60人以上。そのうちの41人を別表にまとめてみたが、いずれも由緒正しい「お嬢様」たちばかりである。

皇族関係者も多いため、41人のうち、名前が「子」で終わらないのはたったの3人。そのうちの1人、波多野真理さんは、最後まで有力視された候補だった。

波多野家は元子爵家で、真理さんは学習院大学を卒業後、モルガン銀行東京支店に勤務。

外交官の父・敬雄氏はジュネーブ国際機関日本政府代表部の全権大使で、祖父は元宮内大臣。母方の祖父は元日本赤十字社長の島津忠承氏で、母も今上天皇（現、上皇）のお妃候補として名前が上がったこともあるという、まさに極めつけの「上流階級」だ。

1989年、当時23歳の波多野真理さんについて、『女性セブン』は「やはり皇太子妃の本命は波多野真理さん」と、これまでさんざん書いてきた「雅子さん本命説」を忘れたかのような記事を掲載。

そして「3つの理由」として次のように分析している。

①もうひとりの有力候補、小和田さんの否定会見。
②旧華族出身で、しかも学習院大卒業であることから、常磐会も後押ししている。
③礼宮さまが波多野一家の歓待を受けている。

常磐会とは、学習院女子中・高等科卒業生の同窓会組織で1895年に創立と古い歴史を持つ。強力な情報・人脈ネットワークを誇り、こうした皇族の結婚時にしばしばその名が取りざたされる。

もし雅子さんが候補として消えれば有力な存在のように見えたが、有力候補は波多野真理さんだけではなかった。

メディアが報じた「お妃候補」たち

	氏名（ご成婚時年齢）	学歴	父の職業（ご成婚時）
	石橋　明子（24）	東洋英和短大	日本ゴム工業会 常任理事
	大橋　眞紀子（31）	上智大大学院	NTT常務取締役
	尾崎　美奈子（32）	学習院大	日本航空顧問
当	小和田　雅子（29）	ハーバード大・東大	外務事務次官
	北白川　尚子（25）	学習院大	東芝アジア 統括事務所担当部長
	北白川　宣子（23）	学習院大	同上
	北白川　明子（21）	学習院大	同上
	北野　裕子（30）	聖心女子専門学校	北野建設社長
	草刈　智子（27）	学習院大	サッポロビール 市場開発本部長付
	久邇　晃子（29）	学習院大	川崎航空サービス 相談役
	小林　尚子（30）	学習院大	富国生命保険社長
	小林　詔子（27）	学習院大	同上
	斎藤　稲子（32）	学習院大	大昭和製紙前社長
	坂本　敦子（28）	学習院大	三菱総研首席専門 研究員
	真田　伸子（27）	学習院大	母子愛育会愛育病院長
	渋沢　肇子（26）	聖心女子専門学校	ソニー取締役
	島津　彩子（28）	学習院短大	元中越パルプ工業
	島津　智子（28）	学習院大	前・新日鉄部長代理
	清水　希美（28）	桐朋学園大	清水地所非常勤取締役
	瀬川　祥子（25）	桐朋学園大	瀬川クリニック院長
	瀧　直子（23）	学習院大	安田信託銀行 新宿支店長
	堤　朋子（28）	東洋英和専修科	日本近代音楽財団 常務理事

氏名（ご成婚時年齢）	学歴	父の職業（ご成婚時）
徳川　恵子（27）	学習院大	平塚樹脂
徳川　純子（24）	学習院大	同上
徳川　慶子（33）	学習院大	石川島播磨グループ会社副社長
徳川　冬子（26）	東大	阪大文学部教授
豊田　由美子（28）	聖心女子大	トヨタ自動車社長
波多野　真理（26）	学習院大	国連政府代表部大使
英　ひろみ（27）	立教大	外務報道官
平田　聖子（31）	学習院大	横浜日航ホテル相談役
伏見　朗子（33）	学習院大	モービル石油勤務
伏見　宣子（31）	学習院大	同上
古河　久美子（25）	清泉女子大	古河林業社長
古河　美佐子（29）	学習院大	古河電工
古河　純子（28）	学習院大	同上
三井　和子（33）	慶応大大学院	啓明学園事務局長
三井　智子（29）	米国留学	同上
三井　史子（28）	聖心女子大大学院	三井石油開発監査役
柳原　留美子（25）	学習院大	住友信託銀行営業推進部審議役
山崎　妙子（31）	東京芸大大学院	山種証券取締役相談役
吉野　直子（25）	国際基督教大	元クレディ・スイス信託銀行社長

三井財閥の流れを組む三井史子さん（1989年当時23歳）は聖心女子大学の大学院生。父は三井石油の幹部だったが、彼女もまた長く「有力候補」と囁かれた女性だった。

前出の女性記者が語る。

「現役の外務省職員だった雅子さんが、雑誌のゲリラ取材にピリピリしていたのに対し、三井さんは大人の対応で受け答えをしてくれるので、取材記者の間で評判が良かったこともあります。彼女はいつも、『私は一般人で、皇室の方々と暮らしも考え方も違います』とまったく結婚の可能性はないと話していたのですが、その受け答えがいつも堂々としているので、かえって〝こういう人ならお妃に向いている〟と思われてなかなかマークが外れなかった。しかし、彼女は結局日本生命会長の孫と結婚しましたね」

皇族との結婚こそなかったが、やはり「ただの一般人」とは言いがたい華麗なる人生を歩んでおられるようである。

もう1人、有力だった候補に帰国子女の吉野直子さん（1989年当時21歳）がいる。

当時国際基督教大学在学中だった吉野さんは国際的ハープ奏者として知られており、父はクレディ・スイス信託銀行社長。母も有名ハープ奏者である。

「1987年、吉野さんは親子でハープの演奏会に出演されたのですが、ここで現在の天皇陛下ご夫妻がわざわざ聴きに来られ、直子さんを讃えたのです。このことで、吉野さんの株がグッと上がったように思いますね」(女性記者)

自身もヴィオラ奏者である皇太子は音楽に造詣が深く、相性が悪いようには見えなかったが、誤算は吉野さんのハープの実力が高すぎ、演奏家として超多忙だったことだった。

結局、数々の候補がいながらも、「大本命」には昇格できないまま、1990年6月、小和田雅子さんはイギリスから帰国し、外務省北米2課に勤務することになる。

「まだ終わっていなかった」2人の恋愛「シーズン2」

一度は消えたかと思われた雅子さんが、再びクローズアップされるのは1992年ごろのことだった。

すでに弟宮の秋篠宮が先に結婚し、皇太子は32歳となっている。

雅子さんがイギリスから帰国してからも、2人の未来については否定的な声しか聞こえてこなかった。

「メディアがもっとも追いかけていたのは、雅子さんがロンドン時代に仲良くしていたとされる〝ボーイフレンド〟の存在でした。当時、宮内庁関係者がそのボーイフレンドを雅子さんから遠ざけようとしている、といった趣旨の怪文書が出回り、それの裏付けのためにわざわざイギリスまで記者を派遣した社までありました」（冒頭の大手紙幹部）

結局、この〝ボーイフレンド〟については確認されないままに終わったが、雅子さんの胸中が揺れ動いていたことだけは間違いない。

　1992年8月、雅子さんは外務省OBの計らいで極秘裏に皇太子と5年ぶりに再開し、互いの気持ちを確認しあう。その後は、皇太子本人からしばしば電話での連絡を受けるようになったという。

7年の時を経てゴールイン

　前出の幹部が語る。
「外務省に入省以来、6年間メディアに騒がれ続けたおかげで、しかも相手は皇太子となれば、普通の生活を送ることは無理な状況でした。雅子さんは当時、カローラで外務省に通勤していましたが、それは電車で通勤すると記者に突撃取材されるため、周囲に迷惑をかけまいとしてそういう形になったのです。おそらく、彼女が仮に皇室に入ることを望まなかったとしても、その選択肢を断行することは大変なパワーが必要になっていたはずです。もはや、自分の力だけで自分の人生を決められない状態にあったのかもしれません」

かつての「お妃候補」たちが次々と結婚しラインから外れていくプロセスを経て、雅子さんは再び「本命」に返り咲く。

最初から最後まで、意中の候補として迷いがなかった皇太子に対し、雅子さんは正式に結婚を受諾する直前まで「自信がない」と迷いに迷っていたという。

「最終的には、美智子皇后（現・上皇后）が、人を通じて雅子さんの母に、ぜひ結婚に向けて心を開いて欲しいという趣旨のメッセージを送ったと言われています。その最終決断までの心情的な動きは分かりませんが、1992年の後半には、記者クラブの内部でも雅子さん以外に考えられない、あとは宮内庁がどう説得するか……といった解釈になっていた」（同）

あまりに華やかな才媛ゆえに、外交官試験に合格したときから「お妃候補」として騒がれ続けた小和田雅子さん。結婚までの7年間はメディアとの闘いでもあったが、最後は自分自身の態度でもって、報道陣に「答え」を示した。

「プリンセス・マサコ」が国民に本当の笑顔を見せる日

あの結婚からはや31年。

この間、さまざまなできごとがあった。主に「試練」である。

「お世継ぎ」を期待する国民からのプレッシャーと流産。体調不良が起きるたび、公務をこなせないことへの批判や、「結婚は失敗だったのではないか」といった厳しい論調が突き刺さった。

２００４年にはいわゆる「浩宮の乱」が起きる。

この年5月、皇太子は欧州歴訪前の記者会見において、こう語った。なお、雅子妃は体調不良のため、この歴訪に同行しないことが発表されていた。

「外交官の仕事を断念して皇室に入り、国際親善が皇太子妃の大切な役目と思いながらも、外国訪問がなかなか許されなかったことに大変苦労していました。それまでの雅子のキャリアや、そのことに基づいた雅子の人格を否定するような動

2015年秋、12年ぶりに園遊会に出席した雅子妃

きがあったことも事実です」

この言葉は、一部宮内庁に対する異例の批判として大きく取り上げられた。

適応障害の克服のため、しばらく療養に入った雅子妃であったが、近年（2016年当時）はかなり「復調」の兆しが感じられるという。

現在の皇室を取材する記者が語る。

「雅子妃は昨（2015）年11月の秋の園遊会に、実に12年ぶりに出席され、宮内記者会を驚かせました。体調も良いようですが、これには精神的ストレスの緩和が大きいと思います。まず、国民の関心が秋篠宮家の次女佳子さまに集まる状況があり、自分自身に対するプレッシャーをそれほど強く感じなくても良い状況にあること。そして一時学校を休みがちになっていた長女の愛子さまも、元気に学校に通うようになっており、そのあたりの問題が払拭されたのも大きい」

かつて「お妃報道」に携わった記者たちも、いまは雅子妃と同じだけ年齢を重ねた。

冒頭の新聞社幹部が語る。

「仕事だったとはいえ、あの頃、雅子妃に大きなプレッシャーをかけてしまったことについては、いま思えば申し訳なく思う。この年になって、はじめてその辛さ、大変さが分かるようになりました。いまは同時代を生きた1人の国民として、心の底から応援したい。あの外務省時代の、快活な笑顔をもっと見せていただきたいですね」

・　・　・

2024年5月現在、雅子妃は皇后になられ、ご公務に勤しまれている。

ライブ3ケタ鑑賞の「生き証人」が明かす!

「年下の男の子」が青春を捧げた「キャンディーズ」魅力の真髄

新生・全キャン連代表/石黒謙吾

数々のヒット曲とともに、解散時の熱狂がいまだ取り上げられるキャンディーズ。だが「全国に300万人はいる」と推察されるファンは、彼女たちのどこに魅力を見出し、熱狂したのか。全盛期には追っかけに追っかけ、コールによって声帯をつぶした新生・全キャン連代表が、熱狂の理由と「キャンディーズ伝説」を語る。

(2017/9掲載)

たまたま、本当に偶然に、今この原稿の〆切りの2日前、アミューズの大里洋吉会長から突然電話があった。ダイレクトにかかってきたのは2年ぶりぐらいか。なぜキャンディーズ話の冒頭がアミューズなのかと言えば、知っている人には知っていることで、大里さんがキャンディーズの元マネージャーであり、解散宣言から後楽園球場でのファイナルカーニバルに至る9カ月弱の解散ロードを大成功に導いた仕掛け人だからだ。実は、解散宣言時、すでに大里さんは渡辺プロを退社してアミューズを創設していた。そして後楽園ファイナルカーニバルのあとすぐ、アミューズの大躍進に結びつくサザンオールスターズに出会う。この2組をつなぐわずかな接点がかなり面白く、また、アミューズ所属の3人組、PerfumeやBABYMETALのことなども語りたいのだが相当長引くので別の機会にして、とにかく、本稿を書くタイミングでこうなったのはまったく「盛っ

いしぐろけんご／1961年生まれ。著述家・編集者・分類王。『盲導犬クイールの一生』（文藝春秋）『分類脳で地アタマが良くなる』（KADOKAWA）ほか著書多数。プロデュース・編集した書籍は、『もし文豪たちがカップ焼きそばの作り方を書いたら』（神田桂一、菊池良）など幅広いジャンルで250冊超。新生・全国キャンディーズ連盟代表。

て」いるわけじゃない。僕の周囲ではこのようなキャンディーズとの奇縁的事象はよく起こり、それは、解散後40年（2017年執筆時、以下同）を前にしてなお3人組が携える「フォース」、見えない力なんじゃないかといつも思う。

訳あって10年ぶりぐらいでキャンディーズのアルバム5年分（枚数にするとオリジナルで20枚ほど）を一気に聴いたという大里さんは電話口で楽しそうに、同意を求めるようにこんな話を始めた。キャンディーズというと多くの人は、解散ライブやそこへ続く熱狂、また、テレビで歌うヒット曲、あるいは、コントもできるとかが話題になるけど、やっぱり彼女たちはライブなんだと。洋楽を歌い、バックバンドのMMPと一体となって作り上げるステージングこそがキャンディーズの魅力だったと。そして、5年間でうまくなったなあとつくづく思ったとも。さらには、あなたたちファンはずっとCDを聴いてるけど、自分は解散のときから数えるほどしか聴いてないから、今さらながら歌のうまさと3人の声質が全然違うのに美しいユニゾンのハーモニーを奏でていることに驚いたと。

僕がまさにこの原稿で書きたくてうずうずしていたことを次々に繰り出され、

このタイミングでこんな展開に！　というこちらの状況などは伝えなかったが、スマホを握りながら嬉しくてうなずきっぱなしの僕。そして思う。大里さんもまたファンの1人であったんだなと。

後楽園ファイナル5万人へのチケット発送は、ファン組織「キャンディーズカンパニー」が現金書留を受け取り行っていたという奇跡！

■★●

2008年4月4日、つまり解散記念日。フィルムライブイベント「全キャン連大同窓会2008」が行われた。場所は後楽園球場跡地にあるJCBホール。フィルムライブと言っても、巨大スクリーンに映るラン・スー・ミキとともにバックバンドのMMPのメンバーが生演奏するなど、大規模な歴史的イベントだった。解散から30年を経てもなお、3人のステージに「参加」しようと、全国から集った2000人を超える「年下の男のオッサン」。

このイベントを推進・実行して頂いたのが、大里さんである。僕は、ファン代表発起人として、年始から4カ月間、イベントの成功に向けて特設サイトのブログでさまざまなやりとりをして盛り上げた。イベント開催に至るきっかけは、当時の全キャン連主要メンバー（全国キャンディーズ連盟）の熱い思いからだ。

この前年、全キャン連の中心メンバーの1人が亡くなった。葬儀での出棺の際には、この曲で見送ってと奥さんに伝えていた「微笑がえし」がかかったという。葬儀に集まった当時のキャン仲間たちは「来年は解散30周年だね。また全キャン連で大規模に集まりたいね」と話しあった。その中の1人で、現役当時には全キャン連の代表的存在であった松山正明さんが、では大里会長に相談してみようとなり、松山さんと僕が以前からつながりがあったことで、ファンの1人として僕が手紙を書いてみてはと進言して頂き実現に至った。

このイベントがきっかけで、1ファンであった僕にとっては「雲の上のそのまた上の遠い宇宙の人」という存在だった大里さんと知り合えた。そして、イベントに至る4カ月間で生まれたファンの交流で、「全キャン連をもう一度！」という機運がぐっと高まったことで、「新生・全キャン連」が30年目に復活し、発起人であった僕がいきがかり上(!?)代表となった。解散時にはまだ高3になったばかりの時で、金沢に住みながら全国を回っていた程度だからファンの中枢部とは無縁。一介の全キャン連北陸支部の末端会員に過ぎなかったのに、こんな光栄なできごとが舞い降りてくるとは。それもこれも、3人への思いを持ち続けてきた執念の賜物だと思っている。そして僕と同様、解散後もずっとキャンディーズへの執着を持ち続けている人は何万人もいるはずであり、その根底にマグマのように渦巻く体験が、ライブでの3人の姿と、全キャン連の連帯感なのだ。

■★●

前述の、大里さんが言った「ファイナルばかりにスポットが当たる」ことに関しては僕も39年間強く思ってきたことだ。実はこの原稿の依頼が来た時の仮題も「新生・全キャン連代表が見守ったーキャンディーズファイナルカーニバル狂騒曲」だったし、まあ、一般的にそう考えるのはよく分かる。過去、多くのコラムニストや音楽評論家が、ファイナルの様子や、解散宣言からファイナルに至るまでの熱狂について書いてはいる。しかしその大部分が、それ以前のライブツアーの内容や、自主的ファン組織「全キャン連」のなりたち、コールや紙テープによる会場一体型応援システム、人気が出る前の初期2年間の活動、などを知らずに、テレビや過去記事の伝聞によって上澄みを掬ったような文章だった。かなり的外れな記述や論考も目にするし、「ぬるいけど耳触りのいい抽象論」が一人歩きして定着している感もある。

ラストシーン、3人はこの立ち位置のまま奈落へとゆっくり下がっていく。手しか見えなくなってもラン・スー・ミキは肩を寄せ合って僕たち5万人に手を振り続けた。

それらを読むたびに、たった2年とはいえ、全国規模で追っかけ、しょっちゅうライブに足を運び2年間で100ステージを観た「中の人」の矜持（きょうじ）として「キャンディーズの肝」はそこじゃないんだと訴えたくなる。そんな思いから本稿では以下、エンタメ的文化的評論ではなく、生き証人ならではのリアルなレポートとして、自分が体験したことを軸に記していく。そうすることで、ライブ会場にいた何十万人ものファンのエネルギーと、それを引っ張り出したキャンディーズの魅力の真髄が伝わり、後世にも残っていくはずだ。

ちなみに、3人の呼び方を一般的な表記で「ちゃん付け」せず、あえて、ラン・スー・ミキとしているが、これは、決してなれなれしくぞんざいに扱っているのではなく、3人の像が30年間毎日変わらず僕の中にはあり、3人への気持ちをいつまでも持ち続けたいから当時のままで呼んでいる。解散後の3人の話をする際はしっかり区切りをつけて、伊藤蘭さん、田中好子さん、藤村美樹さん、だ。

■★●

中学校に入った1973年4月7日。僕は、『8時だョ！全員集合』に初めて出たキャンディーズを見た。その場でランの笑顔に引き込まれファンに。まだレコードデビュー前で歌ってはいなかったが、毎週土曜、アシスタントガール的に登場する3人を見るのが待ち遠しかった。その9月にレコードデビューするが、1年後に出した4曲目まではヒットには恵まれず、この頃の、地方イベント回りなどの苦労談がまたいい。デビューから1年半後の5曲目『年下の男の子』でランがセンターになりヒットし、一気に人気アイドルに。この75年の大晦日の紅白で『年下』を歌ったが、この時のカワイサは尋常じゃなく、2年以上見続けてきた僕ですら、テレビの前でドキドキしたことが鮮明な記憶として残っている。いよいよ脂が乗ってきたそのすぐあとの76年3月、『春一番』が大ヒットとなり完全に地盤が固まった。

初めて金沢でライブがあったのはちょうどその時だ。中3だった僕は、1人でチケットを買い、ステージ上にいる生の3人を前から3列目で初めて見て、脳天を打ち抜かれたような衝撃を受けた。2部構成で、前半はミュージカル仕立て、後半はいわゆる「歌謡ショー」的なもので、76年夏から始まるアグレッシブなステージングではなかったが、それでも十分魅力に吸い込まれた。

この高校入学直前という、行動の幅が広げられる絶好のタイミングで本格的に3人の虜になったことは僕の「キャンディーズ人生」にとって大きなことだった。学業らしいことはその後いっさいやったことはなく、部屋じゅうにポスターや雑誌の切り抜きを貼りまくり、日々、それまでに7枚出ていたアルバムを延々聴いていた。そして星稜高校1年の同じクラスに2人、ほぼ同じような「病」のキャン友が2人いたことも奇跡と言っていい（ちなみに2人とも黄色組──ミキ派）。3人寄ればキャン殊の智恵、とばかりに、同志を得たことで勢いがつき勇気が出て、本格的な追っかけ活動に突入していく。

■★●

夏休みに入り「サマージャック76」という全国縦断ツアーが始まると、まずは北陸方面のライブにはすべて行った。当時、大きな会場以外では、毎日昼夜2ステージ、そして同県内や隣県で3日連続など当たり前。となるとこちらもまったく同じ行動パターンとなる。夏休み当初、新潟で3日6ステージ続けた時、初めて本格的に大声で「コール」したのだが、興奮でがなり続け声帯がつぶれ、1週間近くほとんど声が出なくなった。それまで僕は高めの声だったのがこの3日間からあとはかなり低い声になり驚かれ、そのまま今の声に。ランへの熱病から、なんの迷いもなく、左手に「キャンディーズ」、右手に「RAN」とカッターで傷を付けたのもこの時で、大人になってからも半袖になるとよくギョッとされた（笑）。この文字は40年後のいまでも判読できる。

そして紙テープを投げまくるのもキャンファンのお家芸だ。有名になった『哀愁のシンフォニー』では、歌詞「こっちを向いて」が3回出てくるが、このタイミングで会場の全員が一斉に投げる。その時感じる、ああ、僕たちは同じ気持ちで3人を応援しているんだ！　と同志とつながっている喜びにグッとくる。紙テープの天井ができるような壮観な光景にいつも見とれていた。その後、ファンの中枢でナベプロファンクラブに出入りしていたファンの先達に聞いたところでは、天地真理のファンがささやかに紙テープを投げていたのを、キャンファンが発展させていったものという見解だった。

僕は紙テープを投げる本数が増え、後半は1ステージ100本になりファイナル後楽園には赤青黄3色で400本を持ち込んだ。歌のソロパートでは必ず、ラン―赤、スー―青、ミキ―黄色、を投げるのがツウのお約束。最初は思うようにコントロールできないのだが、しまいには思った場所にほぼ落とせるようになった。危ないので芯(しん)を抜くのだが、究極に慣れると3秒ほどでできるようになる。

「男の子が、女性タレントのコンサートに熱狂し、会場では失神する者も」という新聞記事（朝日か読売）が出たのは、ちょうど新潟3日のあとだったか。それまで、アイドルにキャーキャー言うのは女子であり、男がコンサートで叫びまくるなんていう現象が史上初めてだったのだ。実は新潟の会場で仲間が倒れ医務室に運ばれていて、記事を読んだ時、「あ！　これもしやオレたちのこと!?」と思ったものだ。

追っかけ資金はバイトだ。金沢市繁華街の魚屋の配達、土木解体現場の片付けをメインに、おでん屋の煙突掃除とかいろいろやった。でも全然足りないので、鈍行移動、泊まりは駅に野宿とか、シングルに6人で泊まってワリカンとか。

「3人に少しでも多く会いたい、応援したい」という、ただそれだけの目的に必死だった。

■★●

今やアイドル応援では当たり前の「コール」も、全キャン連が始祖である。新曲が出るとコールの練習だ。全キャン連「中央」から「ガリ版で手書き」で刷られたコールの指示書が「北陸支部」宛に届く。会長が会議室のような場所を借りて20人ぐらいを集め練習する。曲はカセットだったはず。それ以外での練習は、実際のライブ会場、あとはテレビ出演時。当時は携帯やネットどころか、一般家庭にはビデオもなかった！　だから、公開録画番組でコールがかすかに聞こえても、その場で必死に覚えるしかない。あれはあれで緊張感があってよかった。と言っても今のオタ芸みたいに複雑じゃなく「ランちゃん」「スーちゃん」「ミキちゃん」と、前奏や間奏で8拍の「C・A・N・D・I・E・S・HEY！」と「GO！GO！GO！GO！GO！ラン・スー・ミキ！HEY！」などがメインで、あとは「パン・パパン」（PPPと呼ぶ）の手拍子程度。こんなシンプルなものだったが、会場じゅうで揃って飛ぶコールは、自分自身をも、よっしゃがんばって生きていこう！　と奮い立たせてくれたものだ。

そんな生活を続けていた高2の夏。「サマージャック77」の初日にあの解散宣言が飛び出す。残念ながら夏休み前の日曜で僕は行かなかったが、高校の追っかけ仲間のO君（青組―スー派）が、まるで虫の報せだったかのように1人で向かいその場にいた。終演後、日比谷野音公会堂周りの電話ボックスは、仲間にかける人で長蛇の列だったとか。O君は電話番号を覚えていた友人宅に遠距離電話をかけ、ポケットにあった10円玉6枚で話せるだけ話した。「キャンディーズがやめるって！」。翌朝6時に夜行列車が金沢に着くと、友人宅に回覧した電話で集まった4人。登校までの間、絶望の中ただただ途方に暮れていた。

しかしこの日からあと、中央の全キャン連の方々の行動は素晴らしかった。もちろん最初は全員が絶望し、やめないでほしいと願った。しかし、話し合いの結果4月まで解散が延びると、3人の意志を理解しつつ、最後まで全面的に応援しようと、ラジオなどで全国に呼びかけその輪はあっという間に広がっていく。

ここにおいて、伝説と語り継がれるファイナルカーニバルへの道が開いた。モーゼの十戒で海が割れるが如く。

■★●

僕たちも切り替えは早かった。解散宣言後最初のライブが、7月29日に福井県の小浜の小さなハコであり、そこに行ったのは貴重な体験だった。そのまま移動し、京都、名古屋。8月に入り、大阪・梅田コマ劇場で大きな公演を4日間。この時のファンの感極まった熱気はある意味、ファイナル以上だったと思う。

こうして僕は、さらなる熱量で行けるだけ行くと誓い、追っかけに邁進（まいしん）。ファイナルまで全国9箇所のツアー「ありがとうカーニバル」は、札幌と福岡は断念したが、名古屋、広島、岡山、大阪、新潟、金沢、そして後楽園まで7箇所参加。ファイナルは、一塁側19列目でキャンディーズとしての最後の3人を見送り、燃え尽きて灰になった。

3人は4時間で、多くの洋楽を含め51曲を歌いきった。まだスクリーンもモニターもない時代で歌詞はどこにも出ない。しかもイヤモニがない頃で、だだっぴ

4時間で、予定していた52曲のうち51曲を歌いきった。1曲『夏が来た!』だけ、時間いっぱいの中、断念して飛ばされた。

ろい球場に響くPAの生音のみ！ 自分の声がイヤモニから聴こえる「かえし」があるのが当然のいまのアーティストは、どうやって音程を取っていたのか信じがたいと言っているらしい。

大里さん談によると、投げられた紙テープの量は、大型トラック150台分。この撤収だけでも朝までかかったという。

高校3年生になっても勉強はもちろんバイトにも遊びにもやる気が起こらず、ただファイナルや他のCDを聴いて涙する日々だった。自分の未来になんの希望も持てなくなり、上京し否応なしに働かざるを得なくなるまでの1年間を廃人のように過ごした。

何が、全国300万人（全キャン連に名簿はなかったので、石黒推定の潜在的キャンディーズファンの数値）の心をつかんだのか。3人の、隣のキレイなお姉さん的親近感、ライブでの熱量、楽曲やステージングなどスタッフとの調和、と僕は感じる。そこに、ファン同士のつながりも加わって、3人の放った光はいまでも輝き続けている。

■★●

2011年4月、田中好子さん逝去。葬儀では、全キャン連として悲しみのどん底にいながら、出棺の際に青い紙テープを300本投げ、僕たちにとっても本人にかけるラスト「スーちゃん」コールとともに、最期の微笑がえしを見送った。

その時に僕は思った。最期を見送ってこそファンを完遂できるんだと。もちろん、いつまでも生きていてほしい。でも、人間である以上、いつかは天に召される。それならば、12歳で大好きになった彼女たちの最期を見送るまでは死ねないなと。そのためには、自分が健康でかなり長生きする必要がある。総じて女性の方が長寿だ。そして2人は年上、伊藤蘭さんは6歳上、藤村美樹さんは5歳上。この年齢差と性別を考えると普通は自分の順番が先だろうが、記録的長寿となれば分からない。今は、頭の片隅にその目標を持って生きている。こんなことを考えさせてもらえるのも、つまりはキャンディーズの魅力であり「フォース」なのだ。

２００８年の全キャン連大同窓会イベントで、最後にファン発起人代表として登壇し、僕はこう話した。

「キャンディーズは〝私たちは幸せでした〟と過去形で言いましたが、僕はあえて現在進行形で言いたいのです。今でも〝僕たちは幸せです〟と」

こう思っている全国３００万人の心には、自分が墓場に入ったとしても永遠に、あの姿が浮かぶはずだ。１９７８年4月4日、後楽園のステージ中央に空いた奈落に下がりながら、3人で肩を寄せ合いこちらに向かって手を振るラン・スー・ミキの3人の姿が。

扇千景、富司純子から小林麻央、藤原紀香まで
「格と序列」に支配された「梨園の妻」たちの戦後史

歌舞伎界の大エースの座が約束された市川海老蔵の妻、小林麻央の死去は日本列島に涙雨を降らせた。特殊な秩序に支配された「梨園」の女たちの知られざる生活とその序列社会とは。

（2017/9掲載）

長き闘病のすえ、2017年6月に死去したフリーアナウンサーの小林麻央（享年34）。ブログを開設し、最後まで希望を綴ったその生きざまは多くの日本人

に勇気を与えたが、あまりに早すぎた死には歌舞伎界も深い悲しみに包まれた。

日本における歌舞伎役者の世界は「梨園」と呼ばれるが、この言葉はもともと唐（中国）の時代の宮廷音楽養成所を指したものである。養成所の苑内に梨の木が植えられていたことからこう呼ばれるようになったが、日本では「一般社会とはかけ離れた場所」という意味で使われている。

世襲制度の世界に生きる歌舞伎役者は、伝統芸能の世界でありながら、いわゆる一般の芸能人女性と結婚することは少なかった。

古参芸能記者が語る。

「歌舞伎役者の妻は、特に名門になればなるほど夫を支え、跡継ぎを産み育て、ひいき筋を大切にし、必要なたしなみを身につけるという役割を強く求められる。基本的には、自分自身がスターとして輝くという気持ちを捨てなければつとまらない立場であり、そのことが芸能人との結婚の難しさにつながっている。しかし、時代の移り変わりとともに、現代的な夫婦関係を目指す歌舞伎役者も増えてきており、小林麻央は新しい〝梨園の妻〟の代表例でもありました」

戦後、歌舞伎役者と結婚した主な女性芸能人は別表のとおり。ここでは、彼女たちの選択と人生を駆け足で振り返ってみることにしたい。

■

歌舞伎役者の妻として、格式としても知名度としてもダントツと言えるのが、参院議長をつとめた扇千景（本名・林寛子、故人）であろう。

宝塚出身の扇千景の夫は4代目坂田藤十郎（故人）。1994年に「人間国宝」（重要無形文化財保持者）に認定されており、2009年には文化勲章も受章した歌舞伎界の大看板だ。妹は中村玉緒。代名詞とも言える「曾根崎心中」のお初役はあまりに有名である。


2代目中村扇雀時代の坂田と、宝塚スターだった扇千景が出会ったのは1957年。2人は翌年結婚するが、これはいまで言う「できちゃった婚」であった。

「昭和を代表する歌舞伎役者、2代目中村鴈治郎を父に持つ坂田は生まれたときから歌舞伎界のスターの座が約束されていた。女性遍歴は非常に派手だったものの、当時はおおらかな時代で、そうした遊びも芸の肥やしと許容される部分があ

った」（前出の記者）

扇千景は結婚後、一時的に芸能界を退くが、その後女優活動を再開。ワイドショー『3時のあなた』で司会をつとめたほか、1977年には参院選に自民党公認候補として出馬し当選。以降、当選5回を重ね、30年間にわたり国会議員として建設相、運輸相などを歴任した。

「梨園の頂点に君臨する坂田藤十郎の妻として、また政界の要人として、扇千景は長らくこの世界の〝ゴッドマザー〟でした。自身も表舞台で活躍し続けるという意味で、彼女ほどの成功者はこの先、歌舞伎の世界に出現しないかもしれません」（同）

歌舞伎役者と結婚した主な芸能人女性

歌舞伎俳優	妻	結婚年
4代目坂田藤十郎※	扇千景※（元宝塚女優、政治家）	1958年
2代目市川猿翁※	浜木綿子（元宝塚女優）	1965年（後離婚）
7代目尾上菊五郎	富司純子（女優）	1972年
8代目中村芝翫	三田寛子（女優、タレント）	1991年
10代目坂東三津五郎※	近藤サト（アナウンサー）	1998年（後離婚）
2代目中村獅童	竹内結子※（女優）	2005年（後離婚）
6代目中村勘九郎	前田愛（女優）	2009年
11代目市川海老蔵	小林麻央※（キャスター）	2010年
6代目片岡愛之助	藤原紀香（女優）	2016年

※は故人

■

扇千景に続く「梨園の妻」の大物は、序列から言うと7代目尾上菊五郎の妻・富司純子と8代目中村芝翫の妻・三田寛子だ。

映画『緋牡丹博徒』シリーズで人気を博していた富司純子は1972年、NHKの大河ドラマ『源義経』で7代目尾上菊五郎（当時は4代目尾上菊之助）と共演したことをきっかけに結婚。一度は芸能界を引退したが、その後『3時のあなた』の司会者として芸能界に復帰、後に女優としての仕事を再開した。

格と年季から言えば富司純子は大関級だが、同じランクに位置するのが名門成駒屋・中村屋系列のドンである芝翫ファミリーに嫁いだ三田寛子だ。

「三田はアイドルを捨て、男児を3人産み、裏方に徹していることから梨園での評価がすこぶる高い。すでに結婚から26年（2017年当時）が経過しており年季も入っている。彼女が当時の中村橋之助との婚約会見で着た着物が、橋之助の姉の〝お下がり〟だったことは、いまでもこの世界のあるべき姿として語り草になっています」（同）

芸能人やアイドルが歌舞伎役者と結婚すれば、必ず「目立つな」「アイドル気分を捨てろ」との圧力が加わる。そうした意味で結婚生活が長続きしないケースも珍しくない。

1998年に10代目坂東三津五郎（当時は5代目坂東八十助）と結婚した近藤サト（元フジテレビアナウンサー）の場合は、最初から波乱含みだった。

もともと坂東には宝塚出身の妻・寿ひずるがおり、巳之助という跡継ぎもいた。近藤サトと坂東の結婚は「不倫略奪愛」と騒がれ、結婚後、近藤サトには「子作り禁止令」が出されたという。もちろん、ここで男児が生まれれば、正式な跡継ぎをめぐり問題が起きることを防ぐためである。この結果、近藤はわずか2年足らずで離婚に追い込まれた。

2005年に中村獅童との映画共演を機に「でき婚」した竹内結子（故人）の場合は、獅童の度重なる女性問題もあったが、そもそも本人に「梨園の妻になる」という意識が希薄だったことがスピード離婚（約3年）につながったと見る向きもある。

女優としてはそれほど売れっ子とは言えなかった前田愛は、将来勘三郎を継ぐことになる6代目中村勘九郎と結婚したことで、無難にいけば歌舞伎界の女帝になることができる可能性は十分にある。

それは冒頭に触れた小林麻央も同じで、体さえ健康であれば、歌舞伎界随一の人気役者・市川海老蔵の妻として、あるいはキャスター、女優として、絶大な人気を博していたであろう彼女の早すぎた死はかえすがえすも残念である。

■

2016年、片岡愛之助と再婚し話題になったのは藤原紀香。90年代から2000年代にかけ大ブレークした紀香は知名度こそ抜群だが、すでに40代半ば、離婚歴もあり、「どうして愛之助が紀香を選んだのか分からない」といった反応は歌舞伎界で少なからず見られた。

もちろん、愛之助自身も隠し子がいるなど複雑な事情はあるが、「正統な跡継ぎ」を何より重視する歌舞伎の世界においては、40代以上の女性と結婚すること自体が異例とみなされてしまうのである。

「愛之助自身、歌舞伎役者の世界では名門ではなく、はっきり言えば傍流ですから、当然、妻の藤原紀香の序列も梨園においてはかなり下ということになる。愛之助は、業界的な価値観を妻である紀香に押し付けることをことのほか嫌がっているようで、その点では救われている部分がありますが、40歳を過ぎていきなり歌舞伎の世界に馴染むのは相当難しいのが現実でしょう」（同）

とはいえ、一般層に知名度が高い紀香を妻にした愛之助のようなキャラクターが活躍することが、歌舞伎の世界の新しいファン層の獲得、発展につながると理解を示すひいき筋も決して少なくはない。

「陰湿で閉鎖的なイメージで語られることの多い梨園の妻の世界ですが、ああ見えて紀香はきちんと愛之助の出演する劇場で頭を下げ続けていて、逆によくやっていると評判です。このまま5年、10年と地道に活動を続けていけばきっと認められる日が来ると思いますよ」（同）

亡き小林麻央の息子、勸玄君のデビューが早くも話題になっている歌舞伎界（2017年当時）。「梨園の妻」たちの隠された献身は、今日も途絶えることはない。

※本書は小社より2016年に発行した『別冊宝島 昭和史開封！ 男と女の事件史』、『別冊宝島 昭和史開封 スターたちの事件史』及び2017年に発行した『別冊宝島　昭和発掘』の記事を再編集し、文庫化したものです。

本書で掲載の記事について、著者や権利者が不明になっているものがあります。ご存じの方がいらっしゃいましたら、編集部までご連絡ください。

STAF
編集／小林大作、中尾緑子
カバーイラスト／泉州HIGE工房
装丁／妹尾善史（landfish）
本文デザイン&DTP／株式会社ユニオンワークス

証言 昭和のスター 禁断の真実

(しょうげん しょうわのすたー きんだんのしんじつ)

2024年6月19日　第1刷発行

編　者　別冊宝島編集部
発行人　関川 誠
発行所　株式会社 宝島社
〒102-8388　東京都千代田区一番町25番地
電話：営業 03(3234)4621／編集 03(3239)0928
https://tkj.jp
印刷・製本　株式会社広済堂ネクスト

Printed in Japan
First published 2016, 2017 by Takarajimasha, Inc.
ISBN 978-4-299-05660-3